人文集美

【嘉庚精神范】

厦门市集美区文化和旅游局 编

厦门大学出版社
XIAMEN UNIVERSITY PRESS
国家一级出版社
全国百佳图书出版单位

图 0–1　“华侨旗帜，民族光辉”系毛泽东 1945 年对陈嘉庚的评价，题词系邓小平 1984 年所书

華僑旗幟 民族光輝

陳嘉庚

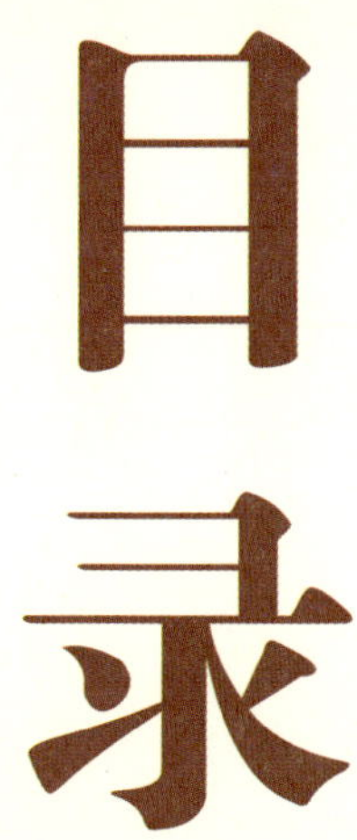

目录

福建日報

东南网:www.fjsen.com　新闻客户端:今日福建

中共福建省委主办 福建日报报业集团出版　2014年10月22日　星期三　甲午年九月廿九

习近平总书记给厦门市集美校友总会回信

希望广大华侨华人弘扬“嘉庚精神”，深怀爱国之情，坚守报国之志，同祖国人民一道不懈奋斗，共圆民族复兴之梦

本报讯（记者 胡斌） 在陈嘉庚先生诞辰140周年之际，近日，中共中央总书记、国家主席、中央军委主席习近平给厦门市集美校友总会回信，希望广大华侨华人弘扬“嘉庚精神”，深怀爱国之情，坚守报国之志，同祖国人民一道不懈奋斗，共圆民族复兴之梦。

习近平总书记回信全文如下——

值此陈嘉庚先生诞辰140周年之际，我谨对陈嘉庚先生表示深切的怀念，向陈嘉庚先生的亲属致以诚挚的问候。

陈嘉庚先生是“华侨旗帜、民族光辉”。我曾长期在福建工作，对陈嘉庚先生为祖国特别是为家乡福建作出的贡献有切身感受。他爱国兴学，投身救亡斗争，推动华侨团结，争取民族解放，是侨界的一代领袖和楷模。他艰苦创业、自强不息的精神，以国家为重、以民族为重的品格，关心祖国建设、倾心教育事业的诚心，永远值得学习。

实现中华民族伟大复兴，是海内外中华儿女的共同心愿，也是陈嘉庚先生等前辈先人的毕生追求。希望广大华侨华人弘扬“嘉庚精神”，深怀爱国之情，坚守报国之志，同祖国人民一道不懈奋斗，共圆民族复兴之梦。

习近平

2014年10月17日

据悉，今年是陈嘉庚先生诞辰140周年。9月5日，厦门市集美校友总会、《集美校友》杂志社代表海内外集美校友、嘉庚学子致信习近平总书记，希望习近平总书记值此时机，向海内外华人、华侨、侨眷发出弘扬“嘉庚精神”的号召，以进一步凝聚侨心侨力，共同构筑中国梦。习近平总书记于10月17日回信。

图 0-2　2014 年 10 月 17 日，习近平总书记给集美校友总会回信

值此陈嘉庚先生诞辰140周年之际，我谨对陈嘉庚先生表示深切的怀念，向陈嘉庚先生的亲属致以诚挚的问候。

陈嘉庚先生是“华侨旗帜，民族光辉”。我曾长期在福建工作，对陈嘉庚先生为祖国特别是为家乡福建做出的贡献有切身感受。他爱国兴学，投身救亡斗争，推动华侨团结，争取民族解放，是侨界的一代领袖和楷模。他艰苦创业、自强不息的精神，以国家为重、以民族为重的品格，关心祖国建设、倾心教育事业的诚心，永远值得学习。

实现中华民族伟大复兴，是海内外中华儿女的共同心愿，也是陈嘉庚先生等前辈先人的毕生追求。希望广大华侨华人弘扬“嘉庚精神”，深怀爱国之情，坚守报国之志，同祖国人民一道不懈奋斗，共圆民族复兴之梦。

习近平

2014年10月17日，在陈嘉庚先生诞辰140周年之际给厦门市集美校友总会的回信。

第一章
华侨旗帜，民族光辉

有一位伟大的爱国主义者，无论在辛亥革命时期还是新民主主义革命时期，他都紧跟时代步伐不断前进，一生追求中国梦，太空中甚至有一颗星以他的名字命名；

有一位著名的华侨领袖，他热爱自己的国家，视国家利益高于一切，支持祖国抗击日本侵略者，反对黑暗势力统治，毛泽东称赞他是“华侨旗帜，民族光辉”；

有一位杰出的教育家，他立志办校、坚持真理，倾尽一生财富爱国兴学、为国育才，从小学到大学，他建立了一个堪称完美的人文学村；

他，就是集美校友永远的校主陈嘉庚。

一、一封回信的深情大义

2014 年 9 月 1 日，集美校友总会永远名誉会长任镜波先生以厦门市集美校友总会和个人的名义向习近平总书记致信，反映海内外集美校友和嘉庚弟子的心声。没多久，就得到了习总书记的回信。

习总书记的这封回信，既是写给集美校友总会的，也是写给广大海内外集美校友、嘉庚弟子的，更是写给全球新老华侨华人的。对于全国人民来讲，这封回信也是培育、推行社会主义核心价值观的指南。

这封回信，生动地展示了习总书记对老一辈革命家侨务思想的继承和创新，是他侨务思想的一个重要内容。他对新时期侨务工作的一系列论述，是我国侨务工作新的里程碑。

习总书记在回信中对陈嘉庚先生表示了深切的怀念，对陈嘉庚先生的亲属表示了诚挚的问候，让许多新老华侨华人看了都非常感动。陈嘉庚先生的长孙陈立人说："中国共产党、中国政府和中国人民始终没有忘记陈嘉庚，始终记挂着海外侨胞。"过后不久，陈立人又作为陈嘉庚先生家族的代表，赴北京接受习近平总书记给陈嘉庚先生颁发的抗战胜利纪念章。事后他逢人便说："在不到 11 个月的时间内，习总书记以不同的方式，两次高度赞扬先祖父陈嘉庚先生的伟绩及精神，这是我们家族的光荣，更是广大华侨华人的荣誉。"

作为中共中央总书记、国家主席、中央军委主席，习近平给一个最基层的社会组织集美校友总会回信，这是极为珍贵的。

习总书记在福建工作17年半，视福建为第二故乡。他任福建省省长时，曾陪同国家领导人参观过陈嘉庚故居和嘉庚公园。2000年，集美校友总会与福建电视台合作拍摄文献纪录片《民族之光——陈嘉庚先生归来的岁月》，他欣然接受采访，对陈嘉庚先生给予高度评价。同年，为纪念陈嘉庚先生创办水产航海教育80周年，他题词："春风化雨，桃李满园。"他兼任集美大学校董会主席3年，曾7次到集美大学。每次，他都要求校领导和校董们要用心弘扬嘉庚精神。他参加厦门大学80周年校庆时，也要求学校"要大力弘扬嘉庚精神"。厦门大学90周年校庆，他发来贺信，再次要求学校"要继续弘扬嘉庚精神"。

由此可见，习总书记对陈嘉庚先生的崇敬和对弘扬嘉庚精神的重视是一贯的，也是非常务实的。

陈嘉庚办学简表

<table>
<tr><th>时间</th><th>名称</th><th>地点</th><th>性质</th><th>备注</th></tr>
<tr><td>1894</td><td>惕斋学塾</td><td>中国</td><td>创办</td><td></td></tr>
<tr><td>1906</td><td>道南学校</td><td>新加坡</td><td>资助</td><td>1910年、1917年、1922年任该校总理</td></tr>
<tr><td>1923</td><td>爱同学校</td><td>新加坡</td><td>资助</td><td>1923年任该校总理</td></tr>
<tr><td>1913</td><td>集美小学</td><td>中国</td><td>创办</td><td></td></tr>
<tr><td>1915</td><td>崇福女校</td><td>新加坡</td><td>资助</td><td>1920年任该校总理</td></tr>
<tr><td>1917</td><td>集美女子小学校</td><td rowspan="2">中国</td><td rowspan="2">创办</td><td></td></tr>
<tr><td>1918</td><td>师范部、中学部</td><td></td></tr>
<tr><td>1919</td><td>南洋华侨中学</td><td>新加坡</td><td>倡办、资助</td><td>1923年任该校总理</td></tr>
<tr><td>1919</td><td>集美幼稚园</td><td rowspan="7">中国</td><td rowspan="3">创办</td><td></td></tr>
<tr><td rowspan="2">1920</td><td>集美学校水产科</td><td></td></tr>
<tr><td>集美商科</td><td></td></tr>
<tr><td rowspan="2">1921</td><td>厦门大学</td><td>创办</td><td></td></tr>
<tr><td>集美学校女子师范部</td><td rowspan="5">创办</td><td></td></tr>
<tr><td rowspan="2">1926</td><td>集美农林</td><td></td></tr>
<tr><td>国学专门部</td><td></td></tr>
<tr><td>1927</td><td>集美幼稚师范学校</td><td rowspan="2">中国</td><td></td></tr>
<tr><td>1932</td><td>集美试验乡村师范学校</td><td></td></tr>
<tr><td>1938</td><td>南洋华侨水产航海学校</td><td>新加坡</td><td>倡办</td><td></td></tr>
<tr><td>1941</td><td>南洋华侨师范学校</td><td>新加坡</td><td>倡办</td><td></td></tr>
<tr><td>1947</td><td>南侨女子中学</td><td>新加坡</td><td>倡办</td><td></td></tr>
<tr><td>1951</td><td>集美水产商船专科学校</td><td rowspan="2">中国</td><td>倡办</td><td>1952年调整为福建航海专科学校，1953年并入大连海运学院</td></tr>
<tr><td>1953</td><td>集美华侨学生补习学校</td><td>倡办</td><td>1957年附设侨属子女补习学校</td></tr>
</table>

图 1-1　陈嘉庚办学简表

二、陈嘉庚是侨界一代领袖和楷模

习总书记在回信中，继毛泽东、邓小平之后，再次肯定了陈嘉庚先生是“华侨旗帜，民族光辉”，肯定陈嘉庚先生“爱国兴学，投身救亡斗争，推动华侨团结，争取民族解放，是侨界的一代领袖和楷模”。

早年，陈嘉庚先生出洋经商。他以一位平凡侨商的身份，心怀祖国，希图报效。他认为“教育为立国之本，兴学乃国民天职”，矢志教育。为了带动华侨办学，他觉得“出家财之半，或十分之三四，恐乃不能动其心，故将所有家财尽出之”。他在海内外创

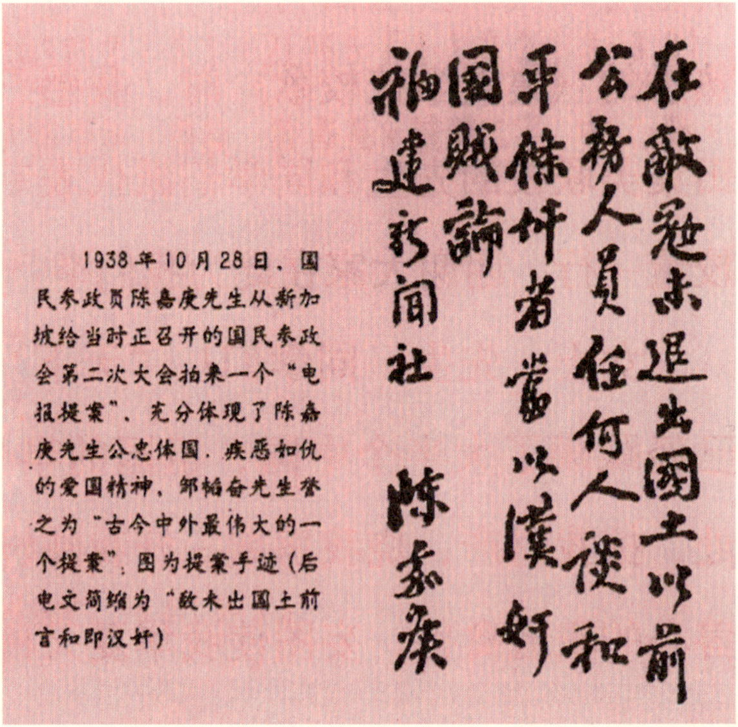

在敵寇未退出國土以前
公務人員任何人談和
平條件者當以漢奸
國賊論
祈建新聞社
陳嘉庚

1938年10月28日，国民参政员陈嘉庚先生从新加坡给当时正召开的国民参政会第二次大会拍来一个“电报提案”，充分体现了陈嘉庚先生公忠体国，疾恶如仇的爱国精神，邹韬奋先生誉之为“古今中外最伟大的一个提案”，图为提案手迹（后电文简缩为“敌未出国土前言和即汉奸）

图 1–2　1938 年 10 月，陈嘉庚先生向重庆国民参政会发表 30 字电报提案，文字经修改后为“敌未出国土前言和即为汉奸”，此提案获通过

办或倡办、资助的各级各类学校有记录可查的就达 118 所。我国著名教育家黄炎培说：“发了财的人，而肯全部拿出来的，只有陈先生一人。”

抗战期间，陈嘉庚是把东南亚各地华侨组织起来的第一人。他担任“南侨总会”主席，全力发动侨胞捐款、多寄侨汇、认购公债，以支援祖国抗战，发出了“古今中外最伟大的提案”——“敌未出国土前言和即汉奸”，并竭力主张“持久战必可败日”。他身藏氰化钾，随时准备以身殉国。在他的带领和发动下，南洋华侨的捐款、侨汇承担了相当高比例的军费和公债额。他动员 3000 多名南洋华侨机工回国，在滇缅公路上运输军用物资，其中 1000 多人壮烈牺牲。日本人在战败反思中，明确指出，其为中国抗日胜利起关键性作用（日本《朝日新闻》报道）。抗战胜利后，他坚持正义，坚持站在历史发展的前列，积极支持人民解放事业，参与新中国建设。

陈嘉庚“前半生兴学，后半生纾难；是一代正气，亦一代完

图 1–3　1939 年 4 月，新加坡华侨筹赈祖国难民大会委员会（前排左七为陈嘉庚）欢送武汉合唱团留影

图 1–4　回国服务的南侨机工在新加坡集中的情景

人”（新加坡潘受语）。他有种种称号，包括实业家、教育事业家、社会活动家、社会革新家、爱国华侨领袖、华侨之父、侨魂、民族英雄、中华英杰、中华儿女的模范、东南亚和亚洲的杰出人物与模范等几十种。集美等地的民众还尊称他为“侨圣嘉庚公”，把他作为神明来供奉。陈嘉庚先生在侨界的领袖地位和对人类社会的影响经得起历史的考验，经久不衰。

今天，面对新的世情、国情、侨情，习总书记以党和国家最高领导人的身份，肯定陈嘉庚先生“是侨界的一代领袖和楷模”，肯定了他对侨界的贡献和独特作用，这对团结新老华侨华人，凝聚侨心、汇聚侨力，推进“一带一路”建设和实现中华民族的伟大复兴，有着重大的现实意义和深远的历史意义。

图 1–5　1940 年 5 月，重庆各界欢迎陈嘉庚回国考察

三、陈嘉庚的精神、品格和诚心

习总书记在回信中深刻指出："他（陈嘉庚先生）艰苦创业、自强不息的精神，以国家为重、以民族为重的品格，关心祖国建设、倾心教育事业的诚心，永远值得学习。"

1. 艰苦创业、自强不息的精神

陈嘉庚先生从店员做起，最终成为华侨华人开拓实业的先驱，是第一个打破英国垄断资本的华侨工商业家。陈嘉庚先生艰苦创业、自强不息的毅力，正是世人谋求发展和服务社会、激励后人所需要的。分布在世界各地的华侨华人，正是靠着这种精神，成功地融入当地社会。今天，他们也正在以这种精神，努力使自己成为“一带一路”倡议的推介者和参与者，为住在国和祖籍国的交流发展做贡献。

图 1-6　1940 年 5 月 31 日，延安各界热烈欢迎陈嘉庚

2. 以国家为重、以民族为重的品格

抗战期间，陈嘉庚先生全力支持祖国抗战。西安事变发生时，他电请张学良以大局为重，推诚合作，以复国仇。他和汪精卫原是好友，还曾想聘请汪为厦门大学校长。当他发现汪要与日“和谈”，便向汪连发两份电报，忠告汪要抗战到底，不可中途妥协。汪不回头，他便要求政府对汪“宣布其罪，通缉归案，以正国法而定人心”。在抗战的艰难岁月里，他率团回国慰谒国共两党领袖，垂涕而道，苦劝息争，以顾全大局，共同抗战。考察重庆与延安后，他便断定中国的希望在延安，国民党政府必败，延安共产党必胜。抗战胜利后，他对蒋介石公开发动内战深恶痛绝。他明是非，辨真伪，在《辨匪论》一文中，以亲身经历，揭露蒋介石政府及国民党人对中共的种种造谣和诬蔑。他断言“美国救蒋必败”“蒋政府必倒”“新中国必能兴利除弊”。陈嘉庚先生总是站在人民一边，以国家为重、以民族为重。他的行为和品格是国人和身居海外的新老华侨华人应该继承和发扬的。

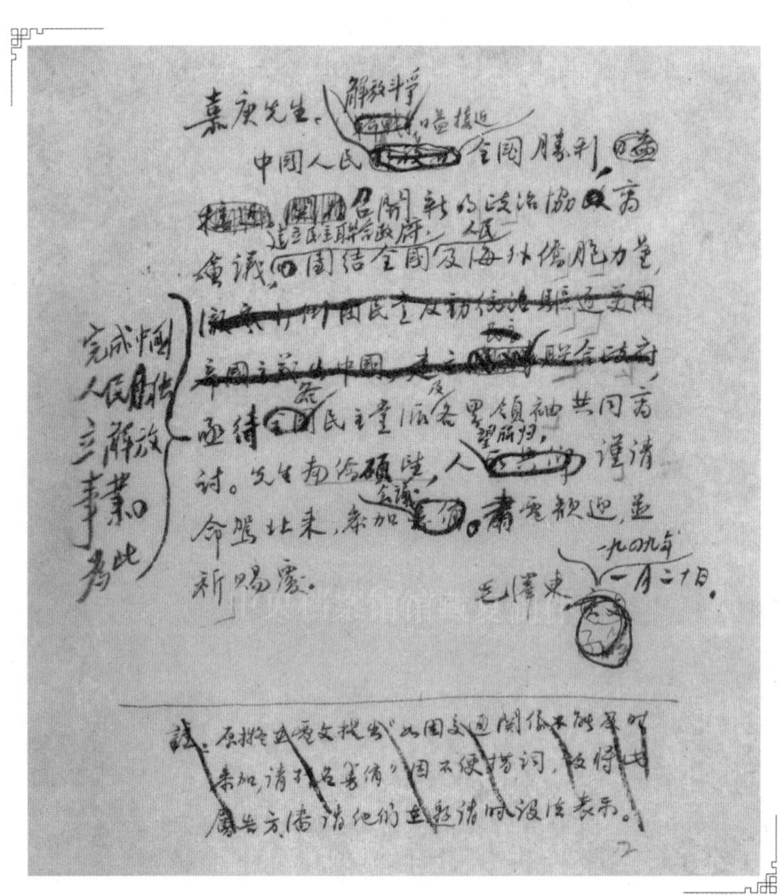

嘉庚先生：

中国人民解放斗争日益接近全国胜利，召开新的政治协商会议，建立民主联合政府，团结全国及海外侨胞力量，完成中国人民独立解放事业。为此亟待各民主党派及各界领袖共同商讨。先生南侨硕望，人望所归，谨请命驾北来，参加会议。肃电欢迎，并祈赐复。

毛泽东 一九四九年一月二十日

图 1-7　1949 年 1 月 20 日，毛泽东主席亲拟电文邀请陈嘉庚回国参政手迹

3. 关心祖国建设、倾心教育事业的诚心

陈嘉庚先生“尽国民一分子之天职”，倾资兴学。他认为“教育为立国之本”，根据社会的需要创办各级各类学校。他慎择校长，高薪礼聘教师，购置先进的教学设备，创造优越的教学环境，推行先进的教育思想，实行先进的教学管理体系。他给学生演讲时说：“我培养你们，我并不想要你们替我做什么，我更不愿你们是国家的害虫、寄生虫；我希望于你们的只是要你们依照着‘诚毅’校训，努力地读书，好好地做人，好好地替国家民族做事。”

1949 年 1 月 20 日，毛泽东致电陈嘉庚先生邀其回国参加新政治协商会议筹备会。陈嘉庚也十分关心祖国的建设，在新政协筹备会结束后，便到东北考察。在几个月的时间里，他访问了沈阳、鞍山、长春、哈尔滨、大连、旅顺等十几个重要城市，行程达 5000 多公里。所到之处，他广泛接触群众，深入了解实际情况。此后，他回到南洋，便应邀发表演讲，在报纸上刊登文章，广泛宣传新中国。

1950 年，陈嘉庚回集美定居。他认为科学建设是建国首要之举，便向全国政协提出相关提案 7 项。他亲自筹划、监督集美学校和厦门大学的修复和扩建工程。他关心国家建设，维护国家主权和尊严，关心、维护华侨、侨眷的权益，关心殖民地民族独立运动，关心国家大事，做共产党的诤友。在他的最后一份书稿《华侨爱国精神永存》中，他写道：

> 此时华侨散布各国，人数将更加发达，踪迹所至将不限于东南亚一隅，对推销国货、交换物资所起的作用，也将百倍于现在。

陈嘉庚在弥留之际，仍念念不忘“集美学校要继续办下去”，念念不忘祖国的统一大业。陈嘉庚先生这种倾心教育、关心祖国建设的至忠至诚之心，正是国人和海外新老华侨华人取之不尽、用之不竭的力量源泉。

第二章

陈嘉庚的三次选择、三种人生

“成功与努力有关，成功更与选择有关。”一个人没法选择自己的出生，然选择可以改变命运。谁也不是神，可有人如有神助，获得了辉煌的人生。其实，人神合一不只在古希腊神话中才出现，一个人的选择就是一个人的一生。

一、兴学之选

办教育上，陈嘉庚选择了倾注与执着。

1894 年，陈嘉庚在家乡集美开办“惕斋学塾”，集美人称“嘉庚书房”。塾馆门前，挂着陈嘉庚拟就的两副对联，外联：

惕厉其躬谦冲其度；
斋庄有敬宽裕有容。

为“惕斋”取名之意。

图 2-1　陈嘉庚先生出生地：集美“颍川世泽”堂

内联：

春发其华秋结其实；

行先乎孝艺裕乎文。

为办学之思。

高悬的联文濯显青年陈嘉庚为人处世的哲学，以及他对兴学的抱负与希望。学塾是座典型的晚清书院建筑，有青白石的勒脚，木门窗上有精湛的浮雕檐边。学塾的开办，使失学的集美儿童有了读书识字、吟诗学文的条件。

年轻有为的陈嘉庚初始兴学缘由很值得探究：

一者，陈嘉庚九岁读私塾，师从陈寅；翌年，转入伯父陈缨节的家塾上学，至十四岁，在家塾师从颇有才气的邑庠生陈令闻，课业大有进步。母亲孙氏亦深明大义。孙氏为了制止械斗，使双方息事，拿出一大包银圆去抚恤死难者家属，陈嘉庚真没想到，母亲穿着打补丁的衣服，吃的是地瓜稀粥，竟有这么多积蓄。母亲对他说：“钱谁不要？千金万金不嫌多。可孩子，行善积德比堆金积玉好。”母亲的言传身教在陈嘉庚幼小的心灵上留下了深刻的印记。当时已有集美华侨在家乡办公益事业，他们赈灾、修桥、办学、建善堂、修家祠、建寺庙的义举，亦使陈嘉庚深受感召。

二是，陈嘉庚赴新加坡经商三年，“守职勤俭，未尝妄费一文钱”，努力付出所得已能年获利五六千元，具备了将想法实施的经济基础。

三为，“当时，政府腐败，国弱民贫，教育颓废，不可言状。乡村十余岁之儿童，因失学而成群结队，裸体游戏，那种情况，近则败坏风俗，远则贻误民族前途。每念及此，乃默许自己如力之能及，当以竭力兴学，以尽国民天职。”可见，陈嘉庚办学之初念，提升国民素质甚于培养人才。

这些起因，使陈嘉庚“对乡党祠堂私塾及社会义务诸事，颇具热心”。

1912 年秋，陈嘉庚回到已阔别十年、日夜想念的家乡，此时的他已愿担当重任，“热诚内向，思欲尽国民一分子之天职”，准备大力做两件事——治贫与治愚。他的动机质朴又深邃：“教育不振，则实业不兴，国民之生计日绌……吾国今处列强肘腋之下，成败存亡，千钧一发，自非急起力追，难逃天演淘汰。”陈嘉庚深知民愚则国弱，感慨：“英美德法男女不识字者百人中不满十人，日本新进百人中不满三十人，我中国百人中则占九十六人，呜呼，此人格欲立国于世界而求免天演淘汰，其可得乎？”而本乡更甚，县立小学只有一所，办学是县长委任一个乡绅当校长，校长召来教员和学生。换一届县长，则原有校长、教员及学生全部散去。到陈嘉庚此次回国，县立小学还没有一个学生能学到毕业，集美更是“文化废坠，野俗日甚”，当务之急就是办学。

1913 年，集美小学校开学。陈嘉庚回忆说，从此“立志一生所获财利，概办教育，为公众服务，虽屡经困难，未尝一日忘怀”。

图 2-2　创办厦门大学时期的陈嘉庚

办新学就要男女平等，1917 年，又开办集美女子小学。此后经年，一个个学校建立，一代代名师竭力付出，一批批人才被精心培养，集美学村终于发展到今天的规模。集美学村的发展史就是陈嘉庚的兴学路。

心血已有所成，脚步却不停歇，陈嘉庚“念邻省如广东江浙公私大学林立，医学校亦不少，闽省千余万人，公私立大学未有一所，不但专门人才短少，而中等教师亦无处可造就。乃决意倡办厦门大学”。可见，陈嘉庚的办学是成体系的，而且有衔接反哺的持续意念。

选择在重重困难中不放弃就是坚持，选演武场作校址被福建督军敲诈钱财，选校长遇到不切实际之人，选设计施工方又碰上高额的费用及理念不符等问题。但这些困难都抵不过执着的精神，1921 年，我国近代教育史上第一所由华侨独资创办的高等学府——厦门大学成立了。陈嘉庚最为成功的也是最为正确的选择就是倾资办学，他更是“明确宗旨倾资办学第一人”。

传承中华文脉，恢复本国尊严。一个人的一生有了铭牌才被人所铭记。

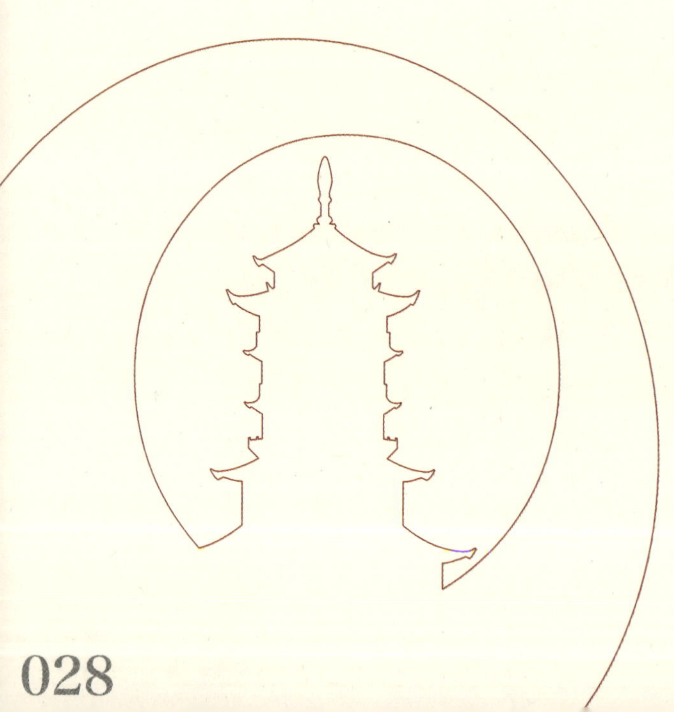

二、经商之选

办实业上，陈嘉庚选择了信誉与机遇。

陈嘉庚父亲陈杞柏晚年实业失败，却促使陈嘉庚养成了独立坚毅的性格。按当时的习俗，父亲破产，儿子不必承担债务。但陈嘉庚在并不顺风顺水的三年苦心经营下，于 1907 年底，找到前“顺安”号的债主，在律师处立约，代父偿清债务。此事中，嘉庚精神的“诚毅”，蔚然立现。

中国文化历来讲究先“诚”后“信”，即“诚”是“心诚”，是一种道德标准，就连宗教信仰也强调“心诚则灵”；而“信”则是西方的契约文化，以“信”为“用”，靠“信”来维系“诚”。这已经说明，陈嘉庚此时已经将中国人的“诚”与西方的“信”这种体用关系融为经商的“诚信”之道。坚守此道，唯有毅力。虽然，有可能这笔资金是自己东山再起的家底，拿出来是一种未知的风险。可陈嘉庚却毫不犹豫，事实证明，这些钱财让他得到了一笔巨大的财富——信誉。

迎接挑战就必须抓住机遇。善观时机、眼光远大、胆识过人、经营有方、知人善任、进退有度，这些是陈嘉庚在商业大展宏图的密码。资金紧张时，他利用菠萝制造业生产周期短、原料采买可以赊账、利润较高等特点，赶在夏季菠萝罐头生产旺季之前，用两个月完成建厂生产，当季即实现投资七千元，获利九千元的成效，后续颇丰；还能利用罐头厂设备增设冰糖产业，大大降低均摊成本。当胞弟陈敬贤来新加坡后，陈嘉庚任用他重启米业及其他产业，依靠多年来建立的货主及客户的庞大关系，得以扩大产业，培养帮手，在陈敬贤的主持下，陈嘉庚公司从1919—1921

年的三年中，共获利280余万元。

时机就是商机，菠萝市价大跌之际，陈嘉庚就把种植菠萝的“福山园”改种橡胶，在敏锐观察到橡胶业大有发展之大好时机时，果断买下附近几个菠萝种植园的500亩园地，同“福山园”连成一片1000亩的大橡胶园。后又购进柔佛哥达丁宜1000亩橡胶园，还购进荒山2000亩开荒种植橡胶，再在马来亚马珍港买了面积30万平方米的空地垦种橡胶。他成了名副其实的“橡胶大王”。

经商之道不仅需要精打细算，还需要过人的胆识。一战的爆发，打破了原有航运业的格局，航运大商机乍现。可航运是大买卖，风险巨大且时机稍纵即逝。陈嘉庚1915年到1918年三年间快进快出航运业，把握了黄金期赚得暴利。懂得抓住风险机遇的人不仅仅见胆识，更见智慧。

从事物发展上看，进难退易。可从人心上琢磨，则进易退难。一般人总是会被胜利冲昏头脑，而“舍得”的道理只在具有预见

图 2-3　该书介绍陈嘉庚等华侨在新加坡、马来西亚种植发展橡胶事业的史实，陈嘉庚被誉为“橡胶四大功臣”之一

性的人眼中，陈嘉庚就是这样的人。他在经历了父亲米业的债务危机后，懂得了在资金青黄不接之际及时处理一些不动产，或者在行业景气度下降前抛售相关产业以盘活资金，为新的机遇留存空间。这在菠萝制造业向橡胶业重心转移的端口期表现得尤为明显，他踩准了菠萝制造业的一波升势，又利用同条件资源再搭上了橡胶业的快车。

特别是 1922 年，在橡胶业连续三年下滑的外围国际趋势下，陈嘉庚却看好橡胶业前景，出资 30 万元低价收购 9 处胶厂，又追加投资 10 万元，扩大生产，再重启已停闭两年的“槟城橡胶厂”。这 10 家厂就为公司赢利 100 多万元。看似反其道而行之，实则是独具慧眼、低买高卖，不可不谓营商有道。

陈嘉庚是个有全局意识的人，他既有大胆略、大气魄，又小心谨慎、深思熟虑。

图 2-4

图 2-5

图 2-6

图 2-4　1920 年代陈嘉庚公司总管理处故址

图 2-5　1920 年代陈嘉庚橡胶公司故址

图 2-6　1920 年代陈嘉庚橡胶成品制造厂车间内景

图 2-7　1911 年 12 月 16 日，孙中山会见陈嘉庚，此照片是后人将二人照片合拼而成，以示纪念

三、报国之选

政治上，陈嘉庚选择了正义与进步。

陈嘉庚少时知识略开，便间或听闻戚继光抗倭，郑成功驱逐荷兰侵略者、收复台湾，林则徐虎门销烟等壮举，爱国的心扉早已打开。

1906 年 4 月 6 日，中国同盟会新加坡分会在晚晴园成立，陈嘉庚开始受到影响。远洋在外，他目睹华侨身受殖民主义的奴役压迫，欺凌轻视；归乡居内，又对家乡贪官污吏榨取豪夺乡民更

图 2-8　陈嘉庚在做抗日演讲

有切肤之痛。从阅读革命书刊，到与孙中山先生相识受到感知，进而参加新加坡同盟会的秘密集会，陈嘉庚对于祖国强盛的渴望日益强烈。

1910年春，陈嘉庚与胞弟陈敬贤一同剪掉那条象征顺服清朝统治的辫发，盟誓入会，“驱除鞑虏，恢复中华，创立民国，平均地权。矢信矢忠，有始有卒”。当时的同盟会汇集着中国有识之士，代表着民族革命的洪流，陈嘉庚选择了进步。

抗日的岁月里，陈嘉庚作为一届侨领当仁不让地站了出来。1928年，“济南惨案”发生，陈嘉庚立即组织侨胞筹赈抗日，其领导的怡和轩俱乐部发出动人心弦的传单：

> 山东惨祸，警耗频传。凡我华胄，其心不催。同人中原北望，空殷匹夫救国之心，恤怜救灾，敢忘拯饥扶弱之责？不揣绵薄，泣告同侨，共扩胞与之怀，冀为涓滴之助。

陈嘉庚提出抵制日货，实行经济绝交。此举可视为陈嘉庚将爱乡情结上升为爱国情怀的表现。

“九一八”事变后，陈嘉庚本人关注国家命运和民族振兴的大义，则在激愤中展现得淋漓尽致。事变发生后的第三天，陈嘉庚即以新加坡福建会馆主席名义致函中华总商会，请求召开侨胞大会讨论对付日本的办法。后续工作随即展开，9 月 22 日，陈嘉庚主持新加坡中华总商会紧急大会，通电南京政府要求全力抗日，致电日内瓦国际联盟及美国总统罗斯福，敦促履行国际条约义务，制裁日本侵略者，维护世界和平，并以此“唤醒侨民，鼓励志气，激励全国，冀可收效于将来”。

两天后，陈嘉庚又主持召开新加坡华侨大会，讨论如何促进马来亚华侨的筹赈工作，会后致电各地商会，召开华侨社团大会，一致为国。1932 年，第十九路军违抗蒋介石命令，奋起抗战舍身卫上海，大无畏精神感动侨胞。陈嘉庚写信给集美学校校长叶渊说：

时至今日，任何人皆应抱牺牲精神，各尽所能，以与暴日抗。希勉励学生，激昂勇气。

仅几个月，南洋华侨就汇交十九路军义款达600万元大洋，军长蔡廷锴在他的回忆录中提到，海外捐款中就有陈嘉庚汇交的一笔巨款。在日寇乃中国最危险的敌人的思想指引下，陈嘉庚秉承谁抗日就支持谁，谁投降就反对谁的理念，这一理念于1938年的电报提案“在敌寇未退出国土之前，公务人员任何人谈和平条件者当以汉奸国贼论”中得以充分体现。

接下来短暂却漫长的抗日岁月中，无论是物质资金支援，还是组织南侨机工归国服务抗战，陈嘉庚身体力行地为祖国、为人民实践着“国家兴亡、匹夫有责”的诺言。在国共合作，全民抗战的反侵略善恶交锋中，陈嘉庚选择了正义。

1939年，陈嘉庚念及“祖国抗战二年余，沿海重要出入口概

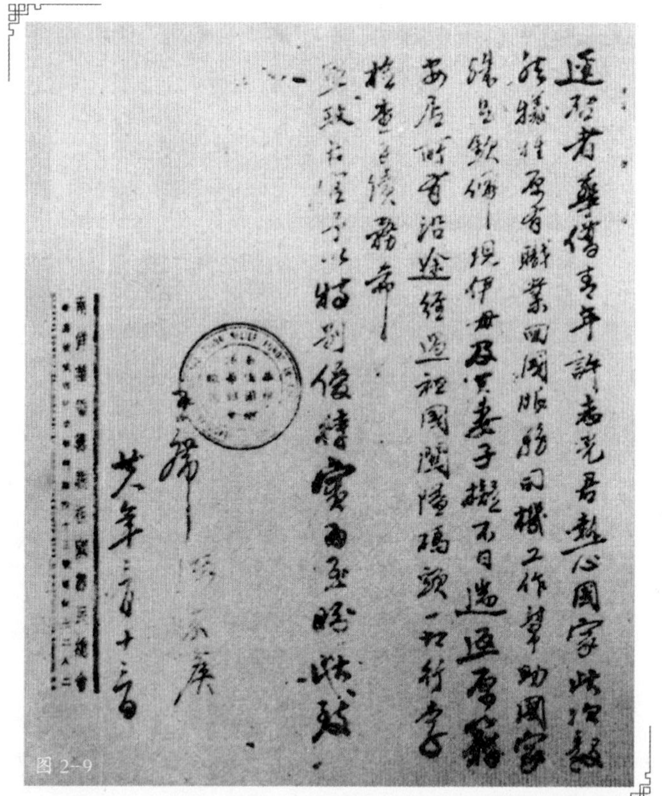

逕啟者華僑青年許嘉亮君熱心國家此次毅然離開原有職業回國服務司機工作幫助國家誠足欽佩 現伊母及其妻子擬不日遣返原籍安居 所有沿途經過祖國關隘碼頭一切行李檢查手續務希 [illegible]致[illegible]以特別優待實為至盼此致

[illegible] 陳嘉庚

廿八年三月十四日

图 2-9

图 2-9　1939 年 3 月 14 日，陈嘉庚关于征募南侨机工经过情形的函

图 2-10　受国民政府委托，南侨总会负责招募机工工作。图为陈嘉庚关于招募机工的信函

图 2-11　新加坡华侨欢送机工回国服务

图 2-12　1939 年，中国沿海港口全部被日军占领或封锁，刚修通的全长 1200 多公里的滇缅公路成为保障抗日前线补给的唯一国际通道，急需大批汽车司机和修理 人员。在陈嘉庚的号召下，3200 多名南洋华侨机工先后分九批回国支援抗战，有 1000 多人为抗战胜利献出了生命。图为华侨机工在回国途中

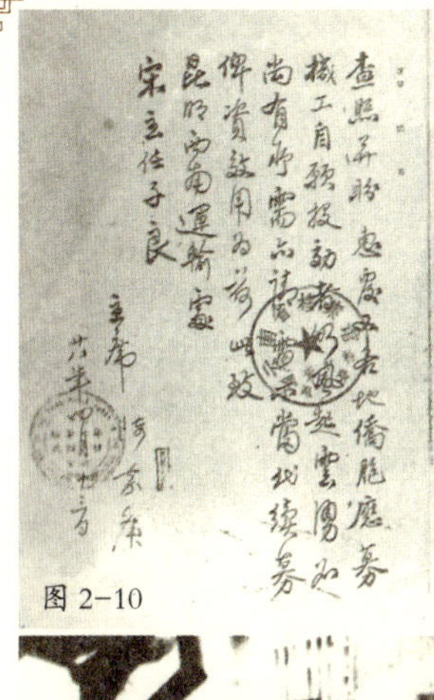

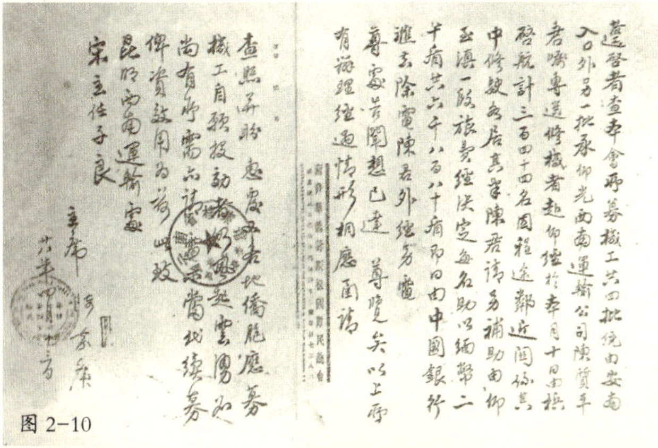

逕啓者：查本會所募機工共四批，均由安南入口。外另一批，承仰光西南運輸公司陳質平君囑專選修機者赴仰，經於本月十日由檳啓航，計三百四十四名，因程途鄰近，關係其中修鍊多居，莫掌陳君請予補助，由仰至滇一段旅費，經決定每名助以緬幣二十盾，共六千八百八十盾，即日由中國銀行匯去，除電陳君外，經予電尊處并聞，想已達尊覽矣。以上所有辦理經過情形，相應函請

查照爲盼。惠覆。又者此僑胞應募機工自願投效者，赴雲南以……尚有所需，亦請當地續募，俾資效用爲荷。此致

昆明西南運輸處

宋主任子良

主席 陳嘉庚

廿八年四月十二日

图 2-10

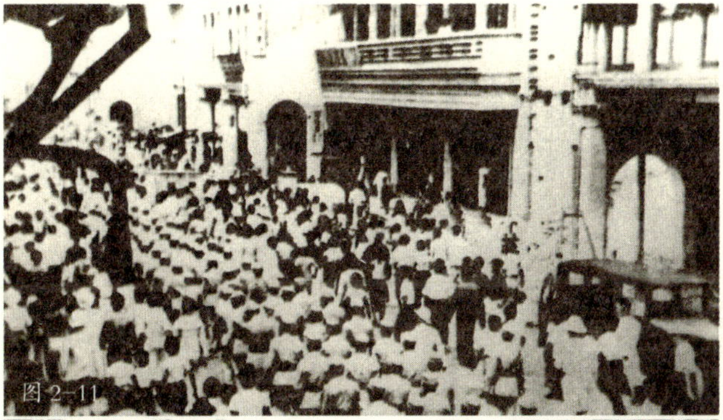

图 2-11

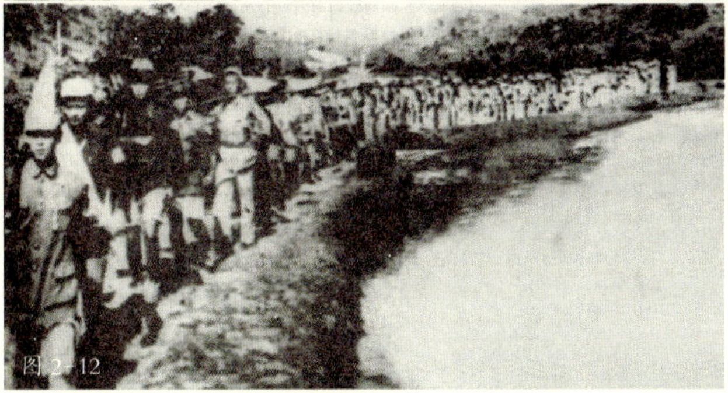

图 2-12

失守，华侨回国甚形困难，对于战争状况、民众生活多不详知，虽逐月输汇义捐，及派遣机工回国服务，未尝举派代表回国慰劳忠勇抗战之将士及遭受痛苦之民众，海外华侨于义实有未尽”，于3月26日，飞抵重庆。此行令他感受到不安与压抑，官员铺张浪费、贪污腐败、无所事事、应酬成灾、经商谋私，而不顾百姓贫困、民不聊生，极其不合时宜，还党同伐异无团结之心。就连国民党最高统帅蒋介石也一直对共产党心存芥蒂，予以钳制，在陈嘉庚一再表示但求国共合作一心抗战之时，还当面诋毁共产党，这更加坚定了陈嘉庚赴延安一探究竟的决心。

1940年5月31日，陈嘉庚抵延安，马上过上了与重庆截然不同的“苦日子”，可这是他喜欢的。与毛泽东同志谈话后的聚餐，是在门外露天场地与一众同志平等共进，十余人围坐一桌，旧圆桌搭在小方桌上面，白纸当桌巾还被吹掉了，最好的菜是邻居老大娘得知客从远方来特意送的一只鸡，青菜、水萝卜是毛泽东从自己的菜地里拔来的，洋芋、豆腐是陕北家常菜。待了几天，陈嘉庚又在这看见官、兵、民形同一家人；警卫员直接挤进毛泽东身旁坐，毛泽东还主动把身子移开一些腾地；日本俘虏的反战同盟中，竟还有主动投诚过来的。

被深深打动的陈嘉庚向共产党人表达了同样的国共合作抗日诉求，得到的答复是："中共对国民党绝无恶意，衷心期望两党一致对外，早日争取抗战胜利。"而且，在国民政府违约对八路军用于抗战的武器弹药从供应一部分到全部停止供应的情形下，共产党亦不惜牺牲，奋力抗战。两相对照，陈嘉庚才发现中国共产党与己同心，为国为民，也终于有了答案："我这次延安之行，看到贵党和人民一道真诚抗战，使人认识到民族的精神和力量。陕甘宁边区的民众，进行着艰苦卓绝的抗日斗争，很值得全国学习的。"离开延安后，他在7月24日晚重庆大学的"西北之观感"演讲中又重申此意并坚定立场。

在谁才是真正中华民族的救星的思考中，实践让陈嘉庚选择了正义与进步。

第三章　嘉庚精神的内涵

图 3-1　新加坡陈嘉庚公司

图 3-2　陈嘉庚设在新加坡的橡胶厂，这是他办学的资金来源

一、来龙去脉与日臻完善

陈嘉庚先生一生艰苦创业，一生倾资办学，一生忠贞爱国。

陈嘉庚先生 17 岁离开故乡，赴南洋经商，以其优秀的品德、坚毅的个性和开拓进取的精神，经过艰苦创业，从一个渔村少年成长为东南亚华侨工商巨子。他是星马橡胶王国的四大开拓者之一，是星马橡胶业最大的输出者，他经营过商业、工业、种植业、航运业、报业、银行业。陈嘉庚先生在事业发展的同时，还培养了成千上万的企业家和技术人才，造就了侨居地经济的接班人，也为祖国的民族工业训练了一大批人才。

陈嘉庚先生经营所赚得的钱数以亿计，但他从来不是为了自己，也不是为了留给后人，他说“财自我辛苦得来，亦由我慷慨捐出”。

他认为经商赚钱只是手段，赚钱的目的是要将赚得的钱拿出来为社会办好事、办大事，为社会培养有用人才，以建设一个能与“欧美列强并驾齐驱”的独立统一和民族富强的新中国，他指出，“教育为立国之本，兴学乃国民天职”，故而，“我毕生以诚信勤俭办教育公益为社会服务”。先生说，做老实人、办老实事、说老实话，是为“诚”；艰苦奋斗、百折不挠，是为“毅”，“诚毅”始成集美学校校训。先生对古训“勤能补拙”“俭可养廉”“绳锯木断”“水滴石穿”“锲而不舍”亦念念不忘。

陈嘉庚先生堪称“发了财而肯全部拿出来”的热心教育事业的楷模，他为教育事业而倾资、倾心、倾力，在海内外树起了兴办教育的一代新风。从1894年在故乡集美创办“惕斋学塾”算起，陈嘉庚先生一生中兴学历史长达67年之久，创办和资助的学校

多达118所，一生献给文化教育事业的钱，按照当时黄金价格估算，超过一亿美元，在中国教育史上乃“千古一人”。

科学家杨振宁先生曾高度赞扬说：“陈嘉庚先生赤手空拳，在东南亚创造了一个庞大的企业，为了中华民族的教育事业，贡献了全部财产，举办从小学到大学一系列学校。我想，在中国历史上，这样努力倾资办学，应该是从陈嘉庚先生开始的。”

陈嘉庚先生在家乡创办的集美学村，规模宏大，设施先进，体系完备，蜚声海内外。为了兴学，他耗尽了一生所得之钱财。在企业遭遇困难之时，他甚至不惜变卖产业，向亲友告贷，竭尽所能，千辛万苦，维持办学。“企业可以收盘，学校绝不能停办。”在长达半个世纪的兴学岁月里，陈嘉庚先生不管是面对顺境、逆境，无论是身居国内、异邦，也无论自己时值盛年、晚年，都始终如一，殚精竭虑，夙夜忧劳，全力以赴，努力实践着“兴国乃国民天职”的诺言，直至弥留之际还嘱咐“集美学校一定要办下去”。

图 3-3　1929 年陈嘉庚（中）与林文庆（右一）合影

1931年，在总结厦门大学创办十周年的纪念意义时，林文庆将陈嘉庚对厦门大学的奉献升华为“嘉庚精神”：“嘉庚先生的精神是什么呢？就是我国圣贤所传给我们的‘天下为公’的精神，是一种利他而肯牺牲的精神，嘉庚先生有此种精神，所以他能急公好义，把他自己努力所得到的大部分金钱，拿来办教育，为社会大多数人谋最高的幸福。”

此后，“嘉庚精神”出现频率逐渐增多，直至现今凝聚为“忠公、诚毅、勤俭、创新”八字。

二、嘉庚精神的核心内容

所谓伟人，就是谁都知道他崇高却离我们遥远；所谓伟业，就是谁都知道它宏大却感叹自身单薄；所谓伟大的精神，就是谁都知道它至上却骐骥一跃总不及。而有一人，只管一步一步走下来，足迹竟连缀天堑，化身天际的“陈嘉庚星”，行囊中“忠公、诚毅、勤俭、创新”依然安放。

1. 忠公

爱国主义为之“忠”，是嘉庚精神的本质特征；倾资办学为之“公”，是嘉庚精神的重要体现。嘉庚精神的内涵集中反映在爱国主义精神，还体现在重义轻利、公而忘私的奉献精神。

爱国主义是他一生恪守的信念，也是他一生行为的准则。在长达几十年的奋斗生涯中，他把毕生的精力都贡献给民族的独立、解放和祖国的统一富强，时刻以捍卫国家主权为己责。

1928 年 5 月，日本帝国主义在山东济南杀害中国人民，制造惨案，他奋起组织“山东惨祸筹赈会”开展筹赈与抵制日货，尽管奸商报复纵火烧他的工厂，使其遭受重大损失，但仍没有动摇他的抗日信念。

1929 年 2 月，他还就日本突然制造济南惨案解决条款事，向南京外交部部长致电称：“日本无厌反复，损失不赔，事关国体，万万不可迁就。”

1931 年，日本帝国主义悍然发动“九一八”事变，他领头召开侨民大会，通电欧美予以制止。

1937 年全面抗战爆发，战火虽还未烧到新加坡和马来西亚，但天生一腔热诚之血的他坐不住，这腔热血烧得他满心忧愤，烧得他焦急万分。他的祖国在被侵犯，他的同胞在被凌虐。于是，他疾呼“守土之责，义所难辞。牺牲虽大，分所甘受”，先后组织新加坡华侨筹赈会、南洋闽侨总会、南洋华侨筹赈祖国难民总会（南侨总会），被推举为主席，积极发动华侨从物力、财力、

人力、道义上大力支持祖国抗战。正如他在率回国慰劳团支援抗战时所发表的讲话："我离祖国已十八九年了，对于国内的情形，很欠明悉。但我有一颗心，这颗心随时随地都恰念着祖国！……这次我回来，带来的是一颗心，一颗赤裸裸而又热诚的心。"

虽然在重庆，所见、所闻、所感让他伤了心。但，幸有延安之行，越来越清晰地为陈嘉庚展现出一个民主、清廉、人道、艰苦奋斗的新世界。从延安归来后，他即刻认清中国共产党才是中国的救星，在反对帝国主义侵略的同时，反对国民党反动统治，矢志不渝地拥护中国共产党，这为他的爱国主义思想注入了新的内容。正如他在《陈嘉庚回忆录》弁言所言：

> 余久居南洋，对国内政治，虽屡有风闻而未知其事实究竟如何。时中共势力尚微，且受片面宣传，更难辨其黑白。及至回国慰劳，与各领袖长官，社会名人，报界记者接触，并至延安视察经过，耳闻目睹各事实，见其勤劳诚朴，忠勇奉公，务以利民福国为前提，并实行

图 3-4　1954 年 9 月，毛泽东主席在北京亲切会见陈嘉庚先生 (中) 和秘书庄明理 (右)

图 3-5　陈嘉庚在第一届政协会议上发言，右为庄明理

图 3-6　陈嘉庚在第一届全国人民代表大会上投票 (1954 年 9 月)

民主化，在收复区诸乡村，推广实施，与民众辛苦协作，同仇敌忾，奠胜利维新之基础。余观感之余，衷心无限兴奋，梦寐神驰，为我大中华民族庆祝也。

同时，陈嘉庚的爱国主义思想言行对广大华侨社会也产生了相当大的影响，提高了华侨的认识和觉悟，推动了民族进步与觉醒。这也是毛泽东同志 1945 年 11 月赞誉他为“华侨旗帜，民族光辉”的事实基石。周恩来、王若飞也称赞他：“为民族解放尽最大努力，为团结抗战受无限苦辛，诽言不能伤，威武不能屈，庆安全健在，再为民请命。”

陈嘉庚作为华侨爱国进步的旗帜，于 1949 年以华侨首席代表身份出席新政协会议和开国大典。出于对新中国的无比热爱与坚定信念，1950 年陈嘉庚回国定居，历任中央人民政府委员、中国人民政治协商会议全国委员会副主席、全国人民代表大会常务委员会委员、中华全国归国华侨联合会主席等职。尽心尽力、至死不渝地为国与民效力。

1951 年，陈嘉庚拥护出兵朝鲜抵抗美国的侵略，做题为“爱国华侨永远不会向帝国主义低头”的发言，指出美国是走着日本帝国主义的旧路，主要目的在于进攻我国，“凡背道蔑理，违反信义，结果必然失败”，并直指我国和朝鲜是“唇亡齿寒”“共穿一条裤”，我国出兵既抗美援朝，亦保家卫国。

陈嘉庚拥护过渡时期的总路线，拥护私营工商业的社会主义改造，批评那些“宁做小国之君，不做大国之臣”的人是鼠目寸光。在第一个五年计划期间，他用三个多月时间前往全国各地考察，并得出结论：“只有社会主义才能使国家富强，使人民幸福。”

1950 年 6 月，陈嘉庚在全国政协一届二次全会上，提出福建建造铁路的必要性和紧迫性。鹰厦铁路纳入第一个五年计划项目后，他早已等不及，马上前往铁道部找滕部长，一同认定从厦门到江西鹰潭接沪粤线为最佳方案，并着手制定开工和竣工的大体时间表。来回奔波，夜以继日。

1956年12月，鹰厦铁路提前一年全线通车，不但鼓舞了福

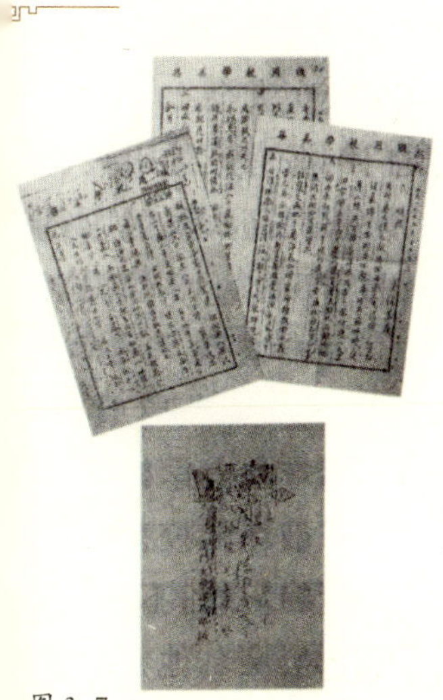

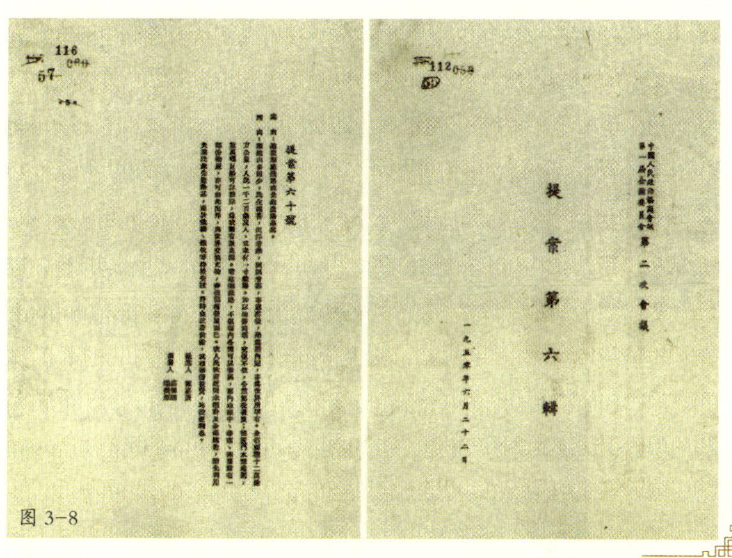

图 3-7　1952年，陈嘉庚致函毛泽东，建议修建鹰厦铁路
图 3-8　陈嘉庚先生在政协第一届全国委员会第二次会议上提出修建福建铁路的提案

图 3-9　火车开进厦门岛

图 3-10　陈嘉庚与全国侨联副主席庄希泉、庄明理乘船在海上参观已落成的海堤

建和全国人民，也大大鼓舞了海外华侨；不但对统一台湾有巨大作用，对于开发福建资源为社会主义建设服务也有巨大作用。

同期，陈嘉庚还有感于一条长堤连接新加坡和马来亚的启迪，正式提议填海建高崎—集美海堤，以改变厦门交通面貌，促进市区的发展。他事无巨细，面面牵念，又做了“福建蕴藏着取之不尽用之不竭的资源”为题的发言，提出开发龙岩矿区的重要性；他还关注到1955年蒋机轰炸福州后的灾民困境，倡议尽快予以安置，并加强市政建设；又即建议利用九龙江水资源的电力优势以补地区经济发展之急需。

嘉庚先生的爱国思想还具有敏锐预见性。他提出以“开拓海洋、挽回海权”为宗旨而创办集美水产航海学校，就是祖国维护主权和领土完整的必要保障；他指出的“中国人民包括海外华侨，过去不允许日本帝国主义制造所谓‘满洲国’，今天同样也不会容许任何帝国主义和一切反动派制造所谓‘西藏独立’”，还指出“台湾是中国领土，而且归还中国早已成为事实……中国人民

建立了自己的人民政府，执行其解放台湾的任务是天经地义的事，中国人民有权这样做，绝不容许外国干涉”，体现了其爱国主义的时代意义。

爱国主义属于历史范畴，在社会发展的不同阶段、不同时期都有不同的具体内涵。陈嘉庚先生的爱国主义精神所具有的发展性使其生命力永恒。

陈嘉庚，陈国庆，陈思忠，从祖孙三代人的名字就可以看到其忠公爱国思想的传承，这暗蕴一种精神，典型而又普遍。

陈嘉庚忠公语录：

1. “牺牲一己之权利，从事国民之义务。”

（1920 年 5 月 3 日致叶渊函）

2. “惟有真骨性方能爱国、惟有真事业方能救国。”

（1929 年《陈嘉庚公司分行章程》）

3. “教育为立国之本，兴学乃国民天职。”

（1940 年 11 月对集美厦大校友演讲）

4.“人生于世，除为个人生活企图，更当为国家社会奋斗。”

（1933 年 3 月《集美学校二十周年纪念刊》）

5.“爱国始于爱乡，强国必先强民。”

（1945 年 5 月在新加坡同安会馆讲演）

6.“服务社会是吾人应尽之天职。”

（《陈嘉庚遗教二十则》）

7.“对于国家，当尽国民之责任，凡分所应尽者，务必有以报国家。”

（1919 年 9 月在集美学校秋季始业会演讲）

8.“公益义务，能输吾财，令子贤孙，何须吾富。”

（1919 年 6 月在新加坡南洋华侨中学演讲）

9.“吾国今处列强肘腋之下，成败存亡，千钧一发，自非急起力追，难逃天演之淘汰。鄙人所以奔走海外，茹苦含辛数十年，身家性命之利害得失，均不足动吾念虑，独于兴学一事，不惜牺牲金钱，竭殚心力而为之，唯日孜孜无敢逸豫者，正为此耳。”

（陈嘉庚公子陈厥祥《集美志》）

10. “敌未出国土前，言和即汉奸。”

（1938 年 10 月第二次国民参政会议提案）

11. “至余原抱公忠尽职之心，无论在洋回梓，均不私蓄一文钱。”

（《陈嘉庚回忆录》个人企业追记之三“回梓葬慈亲”）

12. “余久居南洋，对国内政治，虽屡有风闻而未知其事实究竟如何。时中共势力尚微，且受片面宣传，更难辨其黑白。及至回国慰劳，与各领袖长官，社会名人，报界记者接触，并至延安视察经过，耳闻目睹各事实，见其勤劳诚朴，忠勇奉公，务以利民福国为前提，并实行民主化，在收复区诸乡村，推广实施，与民众辛苦协作，同仇敌忾，奠胜利维新之基础。余观感之余，衷心无限兴奋，梦寐神驰，为我大中华民族庆祝也。”

（《陈嘉庚回忆录》弁言）

13. “公益事业当尽力勇往，若寸寸计较，无一可成。”

（1945 年《南侨回忆录》之八八“华侨大会堂与图书馆”）

14. “凡我中华国民当一体亲善，不可如前由省界姓氏之同异分别亲疏，互存意见。”

（1945 年《南侨回忆录》之一〇六“余起程赴仰光”）

15. “然吾民族赖以维系不堕者，统一之文化耳。”

（1933 年 8 月 14 日新加坡《南洋商报》）

16. “余热诚内向，思欲尽国民一分子之天职。”

（1945 年《南侨回忆录》之七“创办集美小学校”）

2. 诚毅

论嘉庚精神若必须施以浓彩，其中，述诚毅则当然施以重墨。

陈嘉庚与胞弟陈敬贤于1918年制定“诚毅”作为集美学校的校训。就是要“诚以待人”，践行诚实守信、嫉恶好善的重德精神；“毅以处世”，树立刚健果毅、坚韧不拔的自强精神。陈嘉庚先生还说“诚毅”二字的含义，即做老实人、办老实事、说老实话，是为“诚”；艰苦奋斗、百折不挠，是为“毅”。

当油黑的底色衬出两个烫金的大字“诚毅”镌刻在大木匾上，

随着红丝幔的揭开，“诸生青年志学，大都爱国男儿，尚其慎体鄙人兴学之意，志同道合，声应气求，上以谋国家之福利，下以造桑梓之麻祯，懿欤休哉，有厚望焉”的开校词还在回响，“诚毅”早已经注入了嘉庚精神的血液，集美也早已经超越了自己狭小的地理界限。

嘉庚先生的诚毅品质的形成受益于中华民族文化历史的熏陶，“礼、义、忠、信”“言必信、行必果”“诚之者，择善而固执之者也”，这些精神伴随着先生的成长与一生。不但经商诚信果毅，办学更是如此。其在集美学校定出的诚毅优劣细节中就可见一二：“忠于视事，实践信用和义务，不作浮夸虚伪之言，戒绝武断，作正当游戏，待人诚恳不欺。”

当“诚毅”二字被谱进校歌，先生多次强调“诚能抱定宗旨，毅力进行，彼野心家能剜我之肉，而不能伤我之心，能断我臂，而不能得我之心，民心不死，国脉尚存”，并以自己的实际行动，为人们树立了执行“诚毅”的光辉典范。

图 3-11　集美校友、著名画家黄永玉在集美鳌园写生

在遭受国际经济危机的冲击以至企业倒闭的情况下，先生仍然信守“轻金钱、重义务，诚信果毅，嫉恶好善，爱乡爱国”的诺言。先生的诚毅风骨也正是在磨砺中经受住考验才得以历久弥坚。

“诚毅”是嘉庚一生的精神写照，他也以“诚毅”推己及人，由人传人。1983年，黄永玉在送给集美学校建校70周年的国画《桃李春风》补记中写道：“我没有忘记校训‘诚毅’二字，对人要诚恳，对事要有毅力。我把这两个字送给了我远行的儿女。”一位曾在集美学校就读过的美籍教授写给母校的信中也说：“一路下来履行与承受的，还是集美母校所给予的内诚外毅，择善固执的传统。”

代父还债的诚毅嘉庚无论到了何时何地都不改本色。全面抗战爆发后，陈嘉庚奉献了所有能够做到的，却仍不顾自身困顿境遇，为了带头动员，竟在全坡侨民大会上发表募捐筹赈演说时，做出了本是力所不能及的承诺，“本人现无力量，但决心无论战局延长至何时，每月出捐2000元”。每月2000元对此时的陈嘉庚说来确实非同小可。按大会要求，第一年的捐款要一次交清，陈嘉庚应交 24000 元，可即使是借贷过半，他也要兑现诺言。

说一件引为佳话的小事，足见陈嘉庚的处处诚毅。1921 年，陈嘉庚投资动工兴建厦门大学时，14 岁的小伙郭金荣来到建筑工地打工，而来此打工的人，每人都得到一块象征着和陈嘉庚成为雇佣关系的铜牌。工程结束时，陈嘉庚如数发放了工钱，并对大家说："请一定妥善保存好这块铜牌，今后如果自己遇到什么困难，都可以凭这块铜牌来找我，我一定会鼎力相助。"

当时工人们都以为这不过是一句客气话，不能当真。

郭金荣 18 岁那年，收到一封印度尼西亚的来信，告之其父不幸客死异乡。陷入巨大悲痛的郭金荣便决定只身远赴南洋为父奔丧。于是，他以在船上打工的方式充抵船票。然而，船只到新加坡，郭金荣不得不弃船登岸，流落街头，在万般无奈中，他想

起随身携带的那块铜牌，记起了陈嘉庚当年说的话。可是转念又想：陈先生已经是大富翁了，而自己是流浪汉，两者有天壤之别，陈先生当年说过的话能兑现吗？

郭金荣抱着试试看的心理，走进了新加坡陈嘉庚所办的公司。万万没有想到，陈嘉庚却丝毫没有怠慢这位遇困的青年，像招待朋友那样招待他，并信守诺言，马上派人为他购买了去印尼棉兰的船票，还送上旅费。危难之际得到救助，使郭金荣心灵受到巨大震撼。

后来，郭金荣以陈嘉庚为楷模，兢兢业业，诚实守信，成为一名实业家和爱国华侨，曾任爪哇三宝垄华侨新友社主席。新中国建立后，他回到祖国，成为解放军总后勤部总工程师，每提起新加坡幸遇陈嘉庚的那段往事，他便会潸然泪下。诚信是一种感人的力量，不但可以感染人，还可以传递予人。

为民，诚；经事，毅。此处特摘出陈嘉庚对陈仪之抗争，足见其诚毅。抗战起，陈嘉庚回国慰问考察，回到闽地，省主席陈仪设宴接待，陈嘉庚问“死亡及逃走者若干人”，答“无登记，故不知数额多少”，陈嘉庚“甚讶之”。乃托陈主席通告经过城市“对欢迎及宴饮无谓应酬，概行辞谢”，可结果却仍是“美珠薪桂，良所关怀”，而“置闽民受苛政苦惨于度外，利令智昏，献媚奸吏”，气至“痛憾蠹贼奸恶，何能下咽”。

陈仪，省主席“兼绥靖主任，军权亦在其手”，连三师军队米粮都从中定价派购牟利，更是安插亲信一同欺民祸民。闽地官府办贸易公司，与民争利；还行“统运”，仅米价一项，就由产地每担合十七元至卖地每担七八十元，“居奇厚利，害民之惨岂不甚于猛虎也”，百姓“因米价高昂不能生活投江死者，日有所闻”。

见陈仪治下闽地如此不堪又“要求不遂”，懂得策略的陈嘉庚复责同属“待出本省界，方可宣布，千万牢记，至切至要”。考察越深入，陈嘉庚越是心焦如焚，接连电函陈仪多稿，列惨状摆事实，从简短电文，到函八条、书七条，却遭陈仪拒绝。各乡

各县官员多搜刮民脂民膏，派捐买官，“绝未闻见一善政，而祸害人民之事项，则指不胜屈”，即知“陈仪祸闽更可想见矣”。

当陈仪在政府机关日报称“唯不识政治之人，故有反对，然政府必行其任务，以顾大局，绝不轻举放弃”，还捕禁省参议，“拟占作彼殖民地”。陈嘉庚“已明白陈仪无悔过之心矣”，决意与其抗争，谓“对陈仪祸闽事除上言外，再录十六条罪恶，附列于后，此俱确实有据，而手握事权之领袖，竟不闻问，反从而袒护之，余安能缄口任小民供其鱼肉耶？”

陈嘉庚出闽入赣后，立即致电重庆，云“万祈电止陈主席进行”，不见回复，复拟电文再发，并广为联络众人发声，然“蒋委员长绝无回电”，终知“彼虽忍心偏护一人，视闽人如犬马草芥”。但以陈嘉庚的坚毅怎会轻言放弃，“不厌复发”电文，“然爱省爱国之心不能自已，再尽最后之忠告，成败均不计也”，却等来蒋介石的“闽事可电我知，切勿外扬”，就这还是香港闽胞电告蒋介石闽情之后的遮丑之举。

陈嘉庚感见蒋介石护恶讳疾，失望道：“袖手坐视闽人凄惨死亡，有何理说”，将致“盖偏则不正，不正则无是非”。于是发动缅甸、马来亚、新加坡、菲律宾等地侨胞“勿畏陈仪势大”，团结一致奋起勿怠。“及至委员会调查之后，知陈仪将倒台，则复攻击其罪恶，盖凡不以忠义为主，而投机行事者往往如是也。”最终，陈仪被免闽职，陈嘉庚靠着诚毅精神坚持斗倒了一方恶主。

陈嘉庚对待“老朋友”侯西反的动摇亦是“诚毅”待之。陈嘉庚率慰劳团从延安回到重庆后，进行了一场名为“西北之观感”的演讲，谁知一次讲述亲身体验的讲演竟然引来了原在新加坡就结识并本颇为器重的侯西反的诘问：“嘉庚兄，你都讲了些什么呢？上峰要人问，你在延安才住七八天，怎么什么都知道。”于是两个原本引为至交的人开始一场“诚毅”之争：

“你回去告诉他们：讲演是他们请我做的，题目是他们出的，

我说的话是否事实，你我同行，你自明白，无须我多费口舌。我讲的无非是一些亲眼所见、亲耳所闻的事实。有哪一句是假话？你是国民党员，可以当面指正。”

“事实都是事实，可那是不能说的呀！那是在替共产党说话呀！只会对共党势力有利。”

“替共产党说话？这么说，我讲的各项，贵党也认为是好政治了？要不怎么会对共产党势力有利呢？西反兄，事实胜于雄辩，共产党如果有良好政治，自能扩大势力，外间毁誉何关大局？我劝贵党和共产党来个竞争，实行良好政治，不要让共产党把好政治独占了。阎锡山将军说‘国民党政治如果好，共产党自然无用；否则，虽无共产党，也有别的党会起来反对’，这话你也是听到的。”

“我是说你说话得看场合！国民外交学会是党组织的机构，怎么能在那里讲那样的话？”

“原来你们请我讲演是要我去宣传所谓共产党的罪恶。你们应该早说明白了，我是绝对不会去的。”

“我是怕你沾上共产党嫌疑，招惹麻烦。在这方面，我是有惨痛教训的。”

“我在延安参加大小会四五次，虽说对共产党衷心同情，但绝未轻说出口。这点你是知道的。我到贵会讲共产党的诸多好做法，目的是为了贵党向他们学习，与之竞争。我绝不会讲昧心话，也绝不‘指鹿为马’，谁要是给我栽赃陷害，那就随他的便！”

陈嘉庚的话语不唯书、不唯上，只唯实。反观侯西反，原是在星马华侨界颇有影响力的人物，曾也为爱国筹赈遭人陷害为共产党而被英政府要求限期离境，却在大是大非面前巧舌如簧也怎奈无言以对。不因别处，只因少了一份陈嘉庚的“诚毅”风骨。

诚毅需要品质也需要信任，“诚”字为信任开启了心门。纵

观陈嘉庚在 1921 到 1940 年期间，居海外连续十九年，为了国内的办学选贤所需而在外奋斗拼搏，多有艰辛，更有危机、挣扎。“毅”以支撑，“诚”以信任。最难能可贵的是这得之不易的每一分，都悉数寄回国内兴教，而坚信受资者能尽心用之。能若此，信任定是不可或缺的，失了“诚”，绝不能成其义举伟业。

诚毅需要人格也需要勇气，“毅”字当头锤炼了陈嘉庚在危机时刻的从容。日据时期，陈嘉庚避难印尼，特意选择从小地方日惹乘火车，谁知鬼子魔掌早已伸到，戒备森严，尤为留意搜查陈嘉庚这样的爱国人士。幸得同行的廖天赐制造混乱，让陈嘉庚躲过一劫。

面对每天都在进行的撞门搜捕，陈嘉庚坦然处之，“人生自古谁无死！万一不幸被捕，敌人必强迫我当汉奸，替他们说话，我绝不从，那时，我将一死以谢国家。我这么大一把年纪了，死也不算夭寿，你们千万不要着急。再说，人各有各的气数，末日

图 3-12

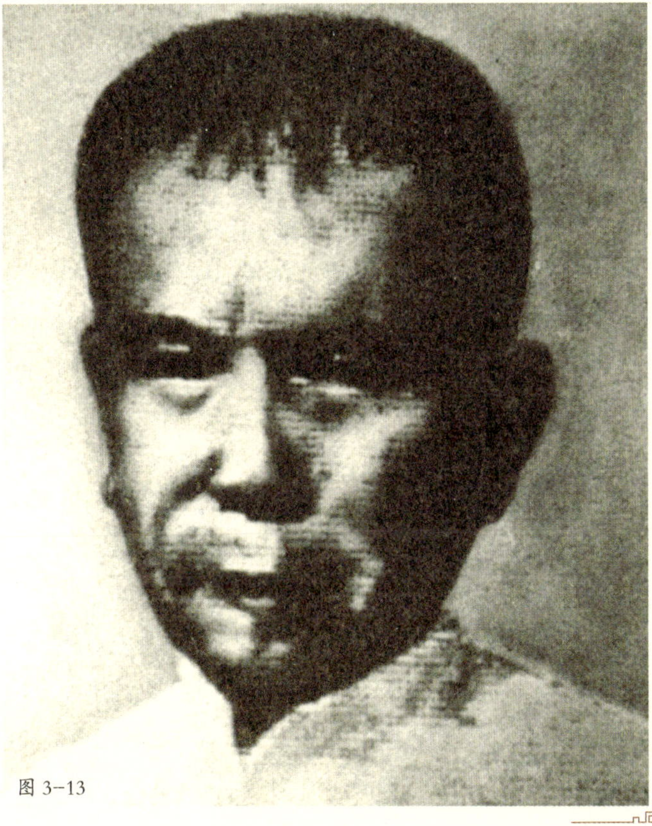

图 3-13

图 3-12　陈嘉庚避难期间，为应付日军通缉，化名李文雪，剃须化装，并随身携带有毒药品，随时准备以身殉国。图为陈嘉庚避难处——玛琅巴蓝街 4 号

图 3-13　新加坡沦陷后，陈嘉庚避难于东印度群岛的玛琅地区，得到当地华侨的舍命救护。图为陈嘉庚在避难期间的照片

未至，何必担心；末日已到，担心何益。”

陈嘉庚诚毅语录：

1. “办学是要有勇气，也就是我们校训所说的‘诚 毅’，无论什么艰难困苦，都要不屈不挠。”

（1940 年 10 月在安溪集美中学师生欢迎会上演讲）

2. “有人劝余停止校费，以维持营业，余不忍放弃义务，毅力维持，盖两校如关门，自己误青年之罪少，影响社会之罪大。一经停课关门，则恢复难望。”

（1945 年《南侨回忆录》）

3. “我希望于你们的，只是要你们依照着‘诚毅’的校训，努力地读书，好好地做人，好好地替国家民族做事。”

（1940年10月在安溪集美中学师生欢迎会上演讲）

4. “对于轻金钱、重义务，诚信果毅，嫉恶好善，爱乡爱国诸点，尤所服膺向往，而自愧未能达其万一，深愿与国人共勉之也。”

（《陈嘉庚回忆录》弁言）

5. “待人勿欺诈，欺诈必败。”

（1929年《陈嘉庚公司分行章程》）

6. “世界无难事，唯在毅力与责任耳。”

（1918年6月筹办南洋华侨中学演讲）

7. “立志不计久暂，力能作到者，决代还清以免遗憾也。”

（《陈嘉庚回忆录》个人企业追记之八“收束之结果”）

8. “以四万万之民族，决无甘居人下之理，今日不达，尚有来日，及身不达，尚有子孙，如精卫填海，愚公移山，终有贯彻目的之一日。”

（1919 年陈嘉庚倡办厦门大学时的演讲）

9. “我毕生以诚信勤俭办教育公益，为社会服务。”

（《陈嘉庚遗教二十则》）

10. “有坚强之精神，而后有伟大之事业。”

（1929 年《陈嘉庚公司分行章程》）

11. “若立心抱定忠信公正，不昧良偏私，自欺欺人，何用作此鬼魅手段，而为识者鄙薄，有何裨益，岂非弄巧成拙耶？”

（1945 年《南侨回忆录》之二一六“醉翁之意不在酒”）

12. “余乃凭良心与人格，将所闻见发表，谓彼放弃共产政治，实行三民主义，乃贵党所不愿闻。总而言之，无论在何处，

如有要余演讲回国所闻见，余决不能昧良指鹿为马。”

（1945 年《南侨回忆录》之二四七“党人大不满”）

13. “作事须务实，若轻诺寡信，他日空雷无雨。”

（1945 年《南侨回忆录》之七六“闽代表来洋筹款”）

3. 勤俭

艰苦朴素、勤勉节俭，是陈嘉庚精神的传统本色。在陈嘉庚精神的感染下，海外华侨华人创业勤奋、生活节俭，慷慨解囊捐资办学、兴办公益、支持慈善，成为华侨社会的自觉行为。

先生的勤俭，勤劳与节俭并立，行如其所言“勤劳方能进德，智识生于勤奋，勤奋是建业之基”；先生又言“吾既为中国人，则总总举动应以节俭为本”。

陈嘉庚无论是离乡还是回国、避难还是慰问，行前收拾行李

总是那么几件换洗的衣裳。吃饭无论是居家还是宴请，也一概从简。归乡定居后，陈嘉庚把政府为他安排的厨师调往上海，让校董会的勤杂工当他的炊事员，只需每日粗茶淡饭，爱吃地瓜粥，有时炒一点米粉，菜就是花生米、油条、海蛎、豆制品、芋头等几项轮流，而海蛎煎、箭头鱼等，则要等到逢年过节或有重要客人来才吃。如果每餐菜没吃完，就交代第二餐少煮点，结果越煮越少，儿孙都越来越吃不饱。

“个人少费一文，即为我家多储一文，亦即为我国多储一文，积少成多，以之兴学。”当他发现校董会一个月招待费高达500元，便严厉批评。从此，予以严格规定，并定自己月伙食费为15元，即一日仅费半元钱。而他的月收入按照当时行政三级工资及各种补贴为500多元，其余皆存入集美校委会会计处，作为办学费用。

再看看先生在集美学校校董会的住所，即可知陈嘉庚的生活称得上是简食配俭居，“走近他的居室，映入眼帘的只有陈旧的家具、粗陋的用品，简朴得令人难以置信。一张古老的床；半旧

图 3-14　陈嘉庚生前生活用品

不新的写字桌；一对不对称的沙发，一张是多年前的，一张是上海集友银行送的；一口装水用的七斗小瓷缸；一只普通的洗脸盆；一个掉了几处瓷的牙杯；两只古旧皮箱；以及七拼八凑的凳子”。

当年陈毅访问集美时，看到陈嘉庚的生活条件，不禁感慨“嘉老，您让我想到了延安”，而陈嘉庚则朴实地答道：“比延安好多了，毛主席当年用的桌子比这个还破旧，我这些东西是旧了些，但都能用。”于是，陈毅欣然接受了“嘉老”花两毛钱买糖果的“请客”，一同笑享“甘甜”。

他从不接受私人宴请，也不举行私人宴会，哪怕是寿宴。这种节俭，不仅施于己，也希存于他人。陈嘉庚不但在抗战时，见重庆官员国难当头却铺张不减，时时厌烦；就到鹰厦铁路建设时期也持一贯态度，一次在鹰潭的接待宴上，看见大鱼大肉，想着国家还处于艰苦建设时期，立即面露不悦。

但陈嘉庚的节俭，绝不是一味省钱。厦大建校初期，经费紧张，于是时任校长提出半工半读的教学模式，即学生半年去劳作、半年回校读书。陈嘉庚当即表示反对，将经费的困难揽于自己一身，也绝不让教学受到影响，除非是实践教学的需要。

“应该用的钱，千万百万也不要吝惜，不应该用的钱，一分也不要浪费”，这种态度是对于节俭的重新定义与再升华，节俭是节制的俭朴，目的不同则适度有别。

1958 年，陈嘉庚看到集美各校学生去大炼钢铁，立即予以纠正：“不能用劳动代替上课，这不符合党的教育方针。”还告诫大家：“不要发动学生捐献款项办工厂和其他事业等等，已进行者应停止，款已收者切要退回。”这是对于“勤俭”二字的真正理解，也是践行于恪训的创新。

勤俭还引起过陈嘉庚兄弟之间少有的一场误会。

陈敬贤直接主持下的集美学村迎来发展的同时，他却因劳累

过度而病倒，只能征得陈嘉庚同意每月花4000元，从调和法入手，祛病强身、修身养性，也不忘以此研究对学生进行以“节欲”为突破口的道德教育之法。谁料，当年陈敬贤就收到陈嘉庚打来的电报，电文十分简约：“电知敬贤回梓，并告月费勿过1000元。”仅过两天，又来一电：“本年无利，兄甚苦。弟月费四千难堪，按一千足或归。”

陈敬贤感到委屈，为实现兄长的兴学大计，他舍命挣钱，积劳成疾，月费4000元也不是为享受，而是为教育，于是给陈嘉庚写了两封长信，尽诉胸中不平。20天后，他收到了陈嘉庚的回电：“前电系一时错误。甚愧。谨取消谢过。勿滞。是感。”陈嘉庚以为兄之尊公开向弟弟认错，实为难能可贵。维持办学之资太难了，这一年，教育投入逾百万，陈嘉庚已捉襟见肘，却省下每一分钱，就为了不让教育停下来，才有了陈敬贤的受委屈。

当然，陈敬贤对于兄长更多的是理解，因为他知道陈嘉庚比

图 3-15　1940 年 3 月，陈嘉庚与前线抗日战士共进膳食

他更节俭，日子过得更苦，甚于普通民众。

勤劳奋斗的陈嘉庚一生不曾停歇。没有海外勤奋不辍的日日夜夜，又怎会有巨大的教育资金？回到故里，他每天两次到各处建设基地和校园里巡视检查，有关基建工程的重要决定都在现场进行。他寒暑不避，风雨不移，每次持杖走上好几里路，汗流浃背。晚上，他又在昏暗中，拨动算盘核算每一个必要的开支，并每月作开支预算。

1950 年 9 月，回故里定居后，国务院机关事务管理局要配备一艘小交通艇及一辆小轿车给陈嘉庚，方便他往返集美与厦门大学及省内各地考察，他也不肯接受，照旧买票乘坐又挤又小的客轮，直到 1957 年才接收小轿车作为办公之用。逢年过节，学校放假，工地也空无一人，他还是闲不下来，就自备简便的干粮，去山区各县考察。

当年陈嘉庚历时 10 个多月，行程数万里走遍大江南北慰问抗日战士，呼吁国共团结抗战的岁月，就是自带帆布床、蚊帐、外大衣和手电筒等，以勤俭待己。至渐老迟暮，仍坚持日常生活自理，内衣内裤、袜等件，一贯自洗。绝大部分信函文件自己处理、回复，也不习惯别人替他写讲话稿，一定是自己准备。

1959 年，集美遭受特大台风袭击，已是高龄体弱的陈嘉庚站在二楼眺望，彻夜未眠。水一退，雨刚停，陈嘉庚就带领人员沿途检查，眼见一片狼藉而心焦不已。陈嘉庚也为抢修校舍付出了最后的全部精力。

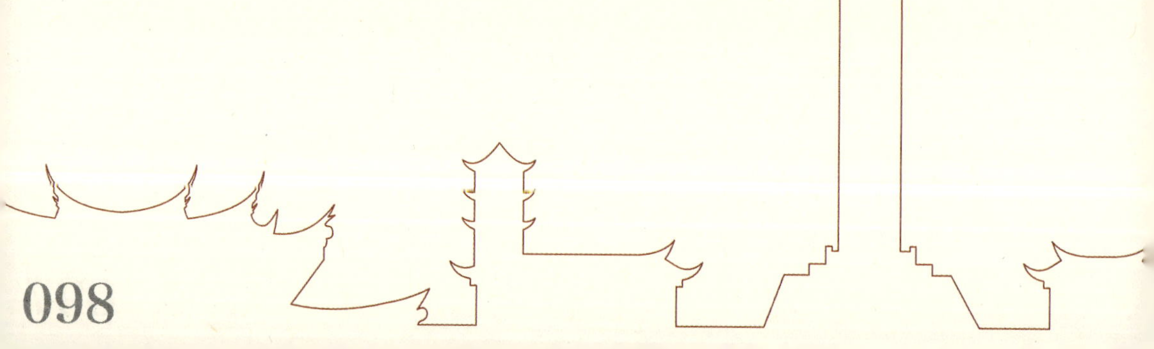

陈嘉庚勤俭语录：

1. “中国今日贫困极矣，吾既为中国人，则种种举动应以节俭为本。”

（1919 年 9 月在集美学校秋季始业会演讲）

2. “不但希望他们读书识字而已，特别注重的，是要他们培养良好品格，认识做人道理，勤学俭朴，将来得以安居乐业，成为国家善良的人民。”

（1954 年 7 月《本社学生助学金补充办法通知》）

3. “嬉游足以败身，勤劳方能进德。”

（1929 年《陈嘉庚公司分行章程》）

4. “知识生于勤劳，昏庸出于懒惰。”

（1929 年《陈嘉庚公司分行章程》）

5. “懒惰是立身之贼，勤奋是建业之基。”

（1929 年《陈嘉庚公司分行章程》）

6. “金玉非宝，节俭是宝。”

（1929 年《陈嘉庚公司分行章程》）

7. “盖以个人少费一文，即为吾家多储一文，亦即为吾国多储一文，积少成多，以之兴学。”

（1919 年 9 月在集美学校秋季始业会演讲）

8. “务希勤慎俭约，善保人格。”

（1945 年《南侨回忆录》之一〇三“慰劳代表抵星”）

9. “以我国人之贫寒，质朴勤俭最为首要。”

（1945 年《南侨回忆录》之五九“妇女服装应改善”）

10. “愿实践新生活节约条件。”

（1945 年《南侨回忆录》之一〇八“嘉陵招待所”）

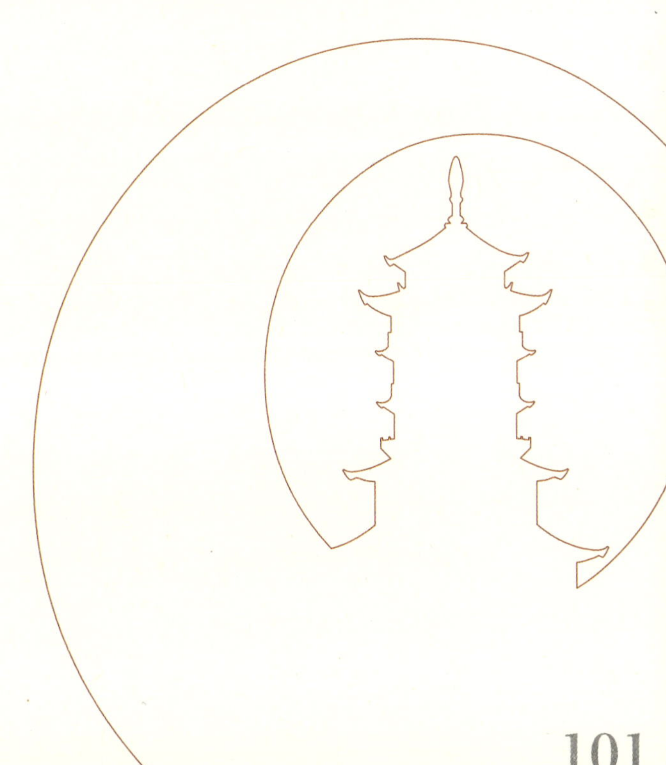

4. 创新

创新就是与时俱进、革故鼎新的精神。

陈嘉庚是华侨史上第一个把东南亚各地华侨团结在一个统一的爱国团体之内，第一个把华侨利益与祖国命运密切联结在一起，第一个长时间、大规模开展倾资兴学的华侨领袖。

陈嘉庚的创新精神处处体现，中西合璧的嘉庚建筑就是历经岁月的见证者；实践务实的专科设置就是对教学模式的再创造。嘉庚建筑堪称陈嘉庚创新的最浓烈一笔，省钱省时，美观实用，

是陈嘉庚创新思维的成功实践，是最具说服力的例证；教学创新又给嘉庚建筑装上了实用践行的创新内核。

陈嘉庚的创新精神处处有迹可循。就以陈嘉庚为厦门大学立校初寻找校长一事为线，体会新始甫创的摸索。

1920 年 1 月，陈嘉庚到漳州邀请正在访友的汪精卫至集美参观，向他介绍筹办厦门大学的计划，还聘请他担任厦大校长。汪精卫的野心也不在于这百来人的学校，不久便以政务繁忙无暇兼顾而辞职。陈嘉庚很快就意识到这一点，立即聘请蔡元培等为筹备委员、并举邓翠英为校长。

这位新校长，不是带着图书、仪器来厦门大学，而是扛着北洋政府徐世昌题的“热心教育”的精美横匾。陈嘉庚深知当年敲诈厦大买地费的福建督军李厚基就是这徐世昌一伙，故而连横匾都不予悬挂。陈嘉庚又见新校长聘来的教师有所偏颇，校舍兴建又要巨资设计预算，还不辞去教育部职位，急于北返，只想着当个挂名校长。于是陈嘉庚毫不犹豫地在学生写的对邓萃英的责备信上签名，校长之位再一次空缺。

1912 年陈嘉庚归国途中，曾与林文庆博士一席谈，共识“当务之急，是兴办教育。教育兴，民智开，共和基础则可巩固”。至厦门大学校长职重难选之际，陈嘉庚想到了林文庆，借与其结缘于邮轮，志向理念相投的前机，愣是将回国赞襄外交的林文庆“截道”于厦门大学任校长，开创了厦大生机勃勃、实实在在的大学正道。

1935 年，林文庆到星马各大埠为校募捐，募到资金竟比预想多三倍，达 30 万，他惊叹这是陈嘉庚的力量，也感言“我已经 60 多岁了。你不让我退休，我就和嘉庚兄共同为厦大奋斗到死”，像林文庆这样的大学者，愿为一所大学付诸毕生，绝不是简单地为了友谊，而是为嘉庚精神所感动。即使将学校献与国家后，陈嘉庚仍心系厦大成长的每一步。

创新精神指导下创办的厦门大学，创造了诸多第一：是我国近代史教育上第一所由华侨独资创办的高等学府；是当时福建省唯一的大学；又是当时国内科系最多的五所大学之一和最早招收女学生的十七所大学之一。“其能超然独立，真心以从事研究者，在华北惟有南开，在华南惟有厦大而已。”

陈嘉庚的创新，可见微知著，以知其用心之细、为民之切。陈嘉庚危难中还写有《住屋与卫生》《中国行的问题》等书，均在思考着国民的生活如何改变，如何更好。书中言及新式建筑法、公共沟渠、自来水、健身、医药、防疫、除蚊、清洁、屠宰管理等，事无巨细，却事事有新建议、新构想。

仅从其中对于屋窗的设计想法，就知道他的创新存在延续与发展的生命力。“盖自来建屋，原不注意空气与日光之需要；习惯又多畏风，故屋宅大都户小窗乏；不但空气不足，日光更难到达”，故嘉庚建筑多是宽门阔窗的敞亮与通透，两相对比就不难发现陈嘉庚创新精神是用心所达。

图 3-16

图 3-17

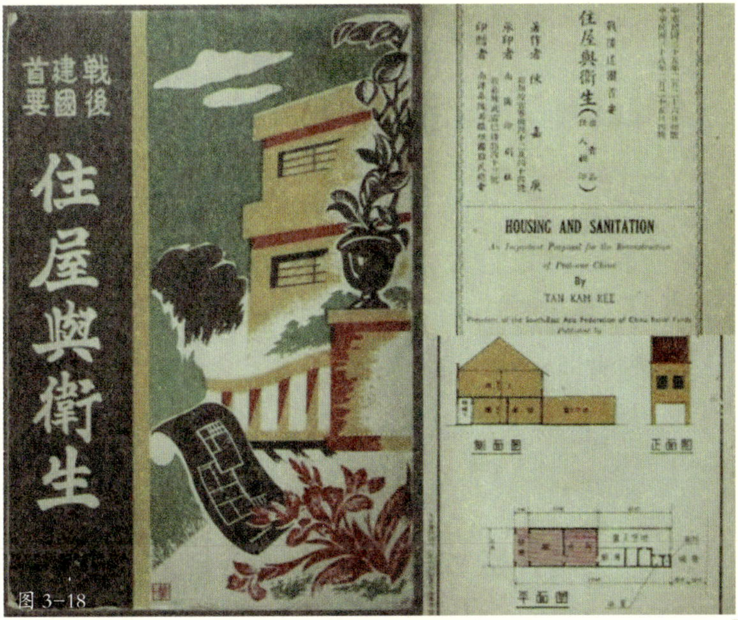

图 3-16　1958 年，陈嘉庚在集美马头海滩探索兴建海潮发电站的可能性

图 3-17　陈嘉庚视察建筑工地（1951 年 7 月）

图 3-18　《住屋与卫生》

新中国成立后，陈嘉庚经过对本地多次考察后，认为福建山多田少、人多地少，是造成旧社会人们大批出洋谋生的原因之一。为此而提出了围垦海滩以扩大耕地面积、住宅宜依山坡地而建的想法。陈嘉庚还懂得向自然要地要资源的同时，要予以保护。其禁止海滩围网作业，以维护近海渔业生态的建议被人民政府采纳。

现在回头看陈嘉庚当年的诸多创举，不由地让人心生敬佩。陈嘉庚海潮发电的努力就是因地制宜的尝试。陈嘉庚不是建筑师，却有了伟大的嘉庚建筑；陈嘉庚不是电力专家，却拿出了一份利用海水涨潮、退潮落差的海潮发电方案和发电设备及基站蓝图：

在杏林湾东侧集美段开一条通海渠道，在水渠的出海处安装上发电机组。退潮时，杏林湾水库里的水位高，海潮的水位低，两者之间有个落差，利用这个落差推动水轮机转动，带动发电机，产生电流，开始发电；涨潮时，潮水上涨，水流的动力及海潮水位高于水库的水位，高水位的海水推动水轮机转动，带动发电机发电。为解决平潮时的发电问题，在航海学校后操场的高坡地上建一蓄水池，通过水泵把潮水打上去，平潮时把水放出，从高处泻下的水推动另一台水轮机，带动发电机发电。

这是一生信奉“耳听为虚，眼见为实”的陈嘉庚穿着胶鞋、顶着烈日，带着有关人员，到集美码头海滩踏勘，一步一步得来的设想。先生设想的“中华人民共和国集美太古海潮发电站”因为其他原因而没有成功走到今天，但书写新中国海潮能源开发史的时候，人们一定不会忘记陈嘉庚先试先行的创新精神。

全国范围内，首建华侨博物院，是陈嘉庚创意构思的一件“成功作品”。“一般人民参观了博物馆，见所未见，眼界大大开展；学校师生参观了博物馆，可由实物而与书本相印证；专家学者参观了博物馆，可接触书本以外新发现的事物，有助于更深入的研究”，他在《倡办华侨博物院缘起》中所表达的这些初衷一一实现了，不但对社会教育意义颇大，还成了爱国主义教育基地与对外文化交流的联络窗口。

创想是一种奔流到海不复回的鼎新气魄。

1954 年，陈嘉庚就提议应再建一条经由杏林连起集美直达厦门的通道，不需绕杏林湾多走 9 公里弯道，又可增加堤内 3 万多亩的农田。现今的杏林大桥已实现并发展了陈嘉庚的设想。“筼筜港”的规划也有幸得益于陈嘉庚先生对于避风港及旅游前景的卓见，整个大厦门片区的旅游资源早已在陈嘉庚的预见蓝图中。1957 年陈嘉庚对于嵩屿深水码头、客运码头和连接内陆铁路运输的集美码头的建设提案，也是凭借多年经商出海经验而认识到天然良港的远大前途，并充分考虑到了本地的港口区域优势而提出的。

正如陈嘉庚在《厦门的将来》一文中已预判厦门的港口“有后来居上的地位”，“把厦门港建设起来，不但是一市一省的利益，实可为华中、华南、西北、西南十余省的利益”。

今时今日，已经可以就陈嘉庚具有创新的远见卓识做出推论：集美居中的厦门在“一带一路”中，定当奋先发力，以实际作为发扬并发展嘉庚创见。

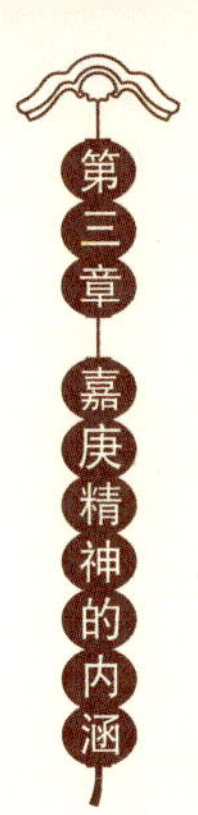

陈嘉庚创新语录：

1. “人类有服从法规之精神，即有创造事业之能力。”
（1929 年《陈嘉庚公司分行章程》）

2. “故力思改革，以期普遍。”
（1945 年《南桥回忆录》之十三“师范生按县分配”）

3. “对诸不良事项，实行改革。”
（1945 年《南侨回忆录》之五九“妇女服装应改善”）

4. “命令倡行，表示维新气概。”

（1945 年《南侨回忆录》之五九“妇女服装应改善”）

5. “其原因完全出于卫生改良之效果，绝非由于命运与鬼神所庇护。”

（1945 年《南侨回忆录》之二三九“战后住屋之改良”）

6. “以武夷茶质之佳，若能以科学化培养，及采新法制造，则此业之利未可限量。”

（1945 年《南侨回忆录》之三二七“武夷山茶叶之利”）

7. “对于改良种植，以助益收获。”

（1945 年《南侨回忆录》之四六六“为公为私可质天日”）

8. “注意各点改革事宜，此为中华民族将来健康之大计，民族生存扩展之要务。”

（《南侨回忆录》战后补辑之一一“组织回国卫生考察团”）

9.“关于维新兴革诸事业，应比他国更多且更紧要。”

（《南侨回忆录》战后补辑之一九“住屋与卫生”）

10.“以种树胶忌恶草与白蚁喻建国须防贪官污吏。”

（1945 年《南侨回忆录》之三八五“闽侨应多捐”）

11.“故吾人以为欲谋民族之复兴，一切改革必须力求其彻底。大而一国之政体，小而一身之衣服，举凡悖理之法，失时之制，皆宜以大刀阔斧，斫伐而铲薙之，务使全部皆呈新气象；然后‘复兴’二字，始有足言。”

（1937 年 1 月 14 日《南洋商报》中陈嘉庚所发表的《复兴民族与服制》）

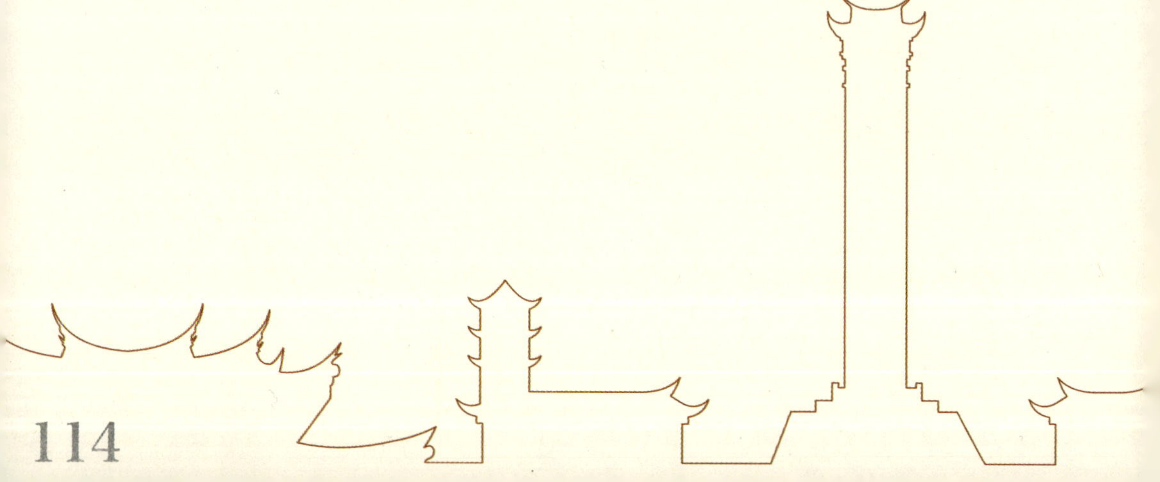

第四章
嘉庚精神的当代价值

陈嘉庚先生的精神财富留于过往、存于当今，并可预见地也将承沿于未来。

一、忠公是中华民族的魂魄

陈嘉庚先生一生的实业富国、教育兴国、抗战救国、以德治国、体育强国、统一祖国的爱国主义道路，就是践行爱国主义之路。今日之中国，在民族复兴的中国梦道路上砥砺前行，早已不是当年“国门洞开、列强环伺”，“内忧外患、经济凋敝、教育窳败、民众愚昧”的年代，可始终不变的是爱国主义。原本“从来中国社会组织，轻个人而重家族，先家族而后国家”，可在陈嘉庚先

生的忠公之路上，已知国民意识大大提升的必要，他先醒先行，“轻个人重故土、更重社会，先国家、民族而忘我”。

陈嘉庚先生的爱国主义是被激发，今时今日的爱国主义仍需强化。我党提出的“立党为公”“执政为民”“三个代表”“与时俱进”“科学发展观”，就是当今爱国主义的宏观体现。

2013 年 10 月 21 日，习近平总书记在欧美同学会成立 100 周年庆祝大会上说：“在中华民族几千年绵延发展的历史长河中，爱国主义始终是激励我国各族人民自强不息的强大力量。”这就是爱国主义在当代力量的最好表达。

二、诚毅是营商之道的基础

陈嘉庚先生所提倡的文明经商、诚信为本，与当今国家营造良好经商环境及倡导企业商誉的主旨相吻合。“诚毅”二字立为校训，不仅具有教育意义，还具有强大的生命力，于为人处世、于商业实业，均为警世良言。

1904 年，其父所经营企业倒闭，负债二十余万元，陈嘉庚先生虽处窘境，仍“立志不计久暂，力能做到者，决代还清以免遗憾也”，苦经四年还清父债，获得企业界的信任和赞赏，树立了商誉。其所承诺“此后本人的生意及产业逐年所得之利，除花红

以外，或留一部分添入资本，其余所剩之额，虽至数百万元，亦决尽数寄归祖国，以充教育经费，是乃余之大愿也”。他言必信，行必果。

此种有“诚”有“毅”的担当在当今经济大潮下若能成为主流，则实为给我国经济注入一笔巨大的无形资产。

三、勤俭是廉政为民的关键

陈嘉庚先生说“我毕生以诚信勤俭办教育公益为社会服务”，他将一生财富捐给了祖国，没有遗留儿孙财产。据其子陈厥祥1961年统计，嘉庚先生仅捐给教育及一切公益事业的经费约有2000万元以上，等于陈嘉庚公司鼎盛时期一切财产的总和。

当年就连故居修葺也是给学校建设让路：抗日战争时期，敌人对陈嘉庚的抗日救亡活动恨之入骨，于是对他的故乡集美狂轰滥炸，进行疯狂报复。面对被日机炸毁的集美故居和破损的旧厝，陈嘉庚直言“若重建住宅，所需不过二万余元，虽可办到，第念

校舍未复，若先建住宅，难免违背先忧后乐之训耳”，即便重修后，陈嘉庚也将400余平方米的私宅拿来供县处级的校委会及行政三级人员公用，儿孙只能蜗居阁楼间。

嘉庚先生的儿子陈元济夫妇在先生病魔缠身之际，从新加坡回国探望，回程需要用车之时，先生不允许动用政府为其配置的专车。陈嘉庚先生的个人品质，无不体现着民族优良传统文化，在当今倡导“反腐倡廉”“勤政廉政”之时，极具现实意义。

定居故里后的陈嘉庚亲订办法解决乡亲的住房困难：“甲、屋身破损尚可修理，生活略得维持者，我给以一切材料，大小工由他自理，计有六七十家。乙、屋身破坏可以修理，而赤贫者，则工料一切代办，亦数十家。丙、全屋塌成平地，约一百家左右。兹拟全部改建新式住宅，如新加坡住宅一样。”

这些为民生解困之举措，则与国家当今快步推进并实施的经济适用房、廉租房等改善民生政策遥相呼应。正如习近平总书记心中所惦记的：“百姓利益无小事。”

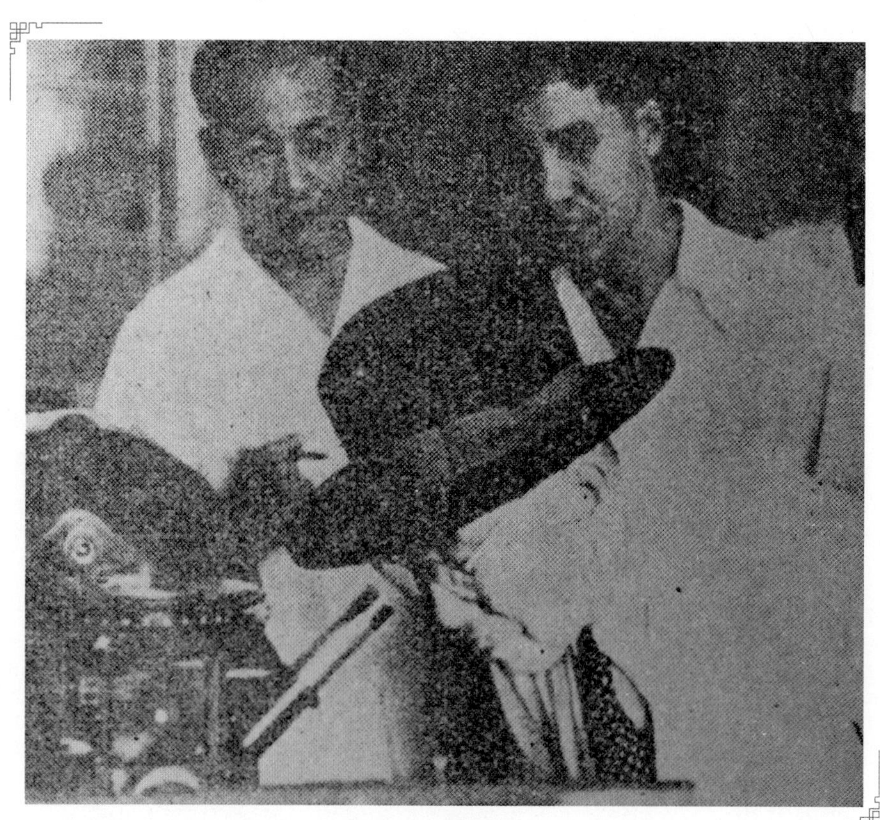

图 4-1　陈嘉庚关心祖国的富强和科学事业的发展

四、创新是时代发展的动力

创新在不同时代有着不同意义与实现途径，唯其重要价值永续。创新已经融入新时代的方方面面，科技创新、人才创新、制度创新……是实现中国梦的重要驱动力之一。而嘉庚先生在他所处的时代的创新则表现为古为今用、洋为中用，结合实际，用其笃实作风探索创新。他坚定民族文化自信，但不夜郎自大、故步自封，能正视自身的弱点；他赞赏当时西方的文明进步，但不崇洋媚外、全盘接收，能取长补短、不断自我发展。这对当今改革开放具有现实意义。

陈嘉庚的每一次创新都是一种柳暗花明又一村的选择，给摸索前行的我们开启了破门而入的智慧和勇气，时代发展注定与未知和阻力相伴，创新本就是一种大胆的尝试，“正当之失败，无可羞耻；畏惧失败，转可羞耻”，创新就是向前、再向前、不断向前。

第五章　继承与发展

“嘉庚精神”是一面旗帜，迎时代之风而飘扬。

陈嘉庚亲自制定的《陈嘉庚公司分行章程》各页眉头印有警语，这些警语深入浅出，引喻巧妙，含义精确，既是文明经商的经验总结，又是体现陈嘉庚精神的人生格言，富有教育哲理，发人深省。特辑录如下，以观其远见：

战士以干戈卫国，商人以国货救国。

店员不推销国货，犹如战士遇敌不奋勇。

外国人之富强，多借中国人之金钱。

人身之康健在精血，国家之富强在实业。

我退一寸，人进一尺；不兴国货，利权丧失。

商战之店员，强于兵战之甲士。

训练兵战在主将，训练商战在经理。

能自爱方能爱人，能爱家方能爱国。

爱国队中无有道德败坏之人，不尊重自己之人格，何能爱自己的国家。

借爱国猎高名，其名不永；借爱国图私利，其利易崩。

惟有真骨性方能爱国，惟有真事业方能救国。

厦集二校之经费，取给于本公司；本公司之营业，托力于全部店员。

直接为本公司之店员，间接为厦集二校之董事。

为学校董事有筹措经费之责，为本公司店员有发展营业之责。

为本公司多谋一分利益即为国家多培一个人才。

不为教育奋斗非国民，不为本公司奋斗非店员。

本公司是一社会之缩影，服务于本公司，即服务于社会。

热心为社会服务，未有不热心为本公司服务。

尊重本公司之职守，即为图谋社会之公益。

受人委托即当替人尽力，受本公司委托，即当替本公司尽职。

视人委托之事，一若自己之事；办本公司之事，亦若办自己之事。

不能尽职于公司，又何能尽职于自己。

公司遥远，耳目难及；不负委托，惟在尽职。

命令出于公司，努力在求自己。

在公司能为好店员，在社会便为好公民。

公司之规章，同于国家之法律。

法律济道德之穷，规章作办事之镜。

好国民守法律，好店员守规章。

法规为公共而设，非为一人而设。

人类有服从法规之精神，即有创造事业之能力。

日日思无过，不如日日能改过。

规章新订，人人宜阅；不问规章，规章虚设。

待人勿欺诈，欺诈必败；对客勿怠慢，怠慢必招尤。

以术愚人，利在一时；及被揭破，害归自己。

顾客遗物，还之惟谨；非义勿取，人格可敬。

隐语讥人，有伤口德；于人无损，于我何益。

与同业竞争，要用优美之精神与诚恳之态度。

货品损坏，买后退还；如系原有，换之勿缓。

肯努力，多推销；未见利，利不少。

谦恭和气，客必争趋；恶词厉色，人视畏途。

货物不合，听人换取；我无损失，人必欢喜。

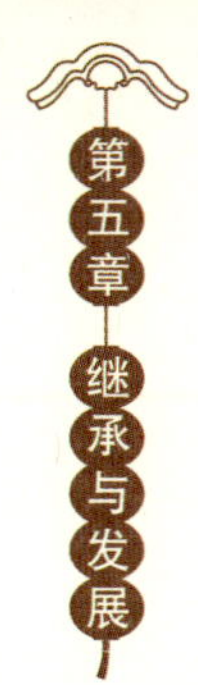

视公司货物，要如自己货物；待入门顾客，要如自己亲戚。

货真价实，免费口舌；货假价贱，招人不悦。

招待乡人要诚实，招待妇女要温和。

货物如黄金，废弃货物于暗隅，犹若浪掷黄金于道路。

检查货物，不任损失，公司之利益，亦即个人之利益。

不查货底，存货莫明；暗里牺牲，其害非轻。

新货卸卖，旧货弃置，如此营业，安所求利。

多卖一份旧货，胜卖二份新货。

旧货为本，新货为利；本不取回，利何由至。

店费开支，逐日统计；方知盈亏，方知利弊。

得从何处得，失从何处失，要明其底蕴，全仗统计力。

天文家靠望远镜以窥天时，商业家靠算盘以计赢利。

非公而出，荒废店务；习惯养成，自绝前路。

人不在店，一货减销路；利权暗中失，不可计其数。

为官守印，为贩守秤，为店员守柜面。

嬉游足以败身，勤劳方能进德。

人而无恒，终身无成。

好多便不精，好情便不纯。

欲念愈多，痛苦愈大；在职怨职，无职思职；蹉跎到老，必无一得。

见兔猎兔，见鹿弃兔；鹿既难得，兔亦走路。

业如不专，艺必不精。

智识生于勤劳，昏愚出于懒惰。

懒惰是立身之贼，勤奋是建业之基。

有坚强之精神，而后有伟大之事业。

临事畏缩，丈夫之辱。

欲成大事，先作小事。

不以小事而生忽心，不以大事而生畏念。

甘由苦中得来，逸由劳中得来。

动作迟慢，事事输人，商战场中必为败兵。

欲闲未真闲，心里大艰难；再觅正事做，精神自然安。

金玉非宝，节俭是宝。

有钱须思无钱日，莫待无时思悔迟。

待人要敬，自奉要约。

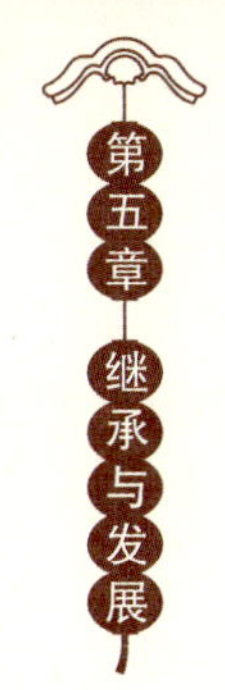

财有限而用无穷，当量入以为出；当省而不省，必致当用而不用。

交友多，好出游，不误家，必误身。

无是非之心非人也，无责任之心亦非人也。

做事敷衍是不负责任之表现。

无事要找事做，不要等事做；有事要赶紧做，不要慢慢做。

无事找事做，其人必可爱；有事推人做，其人必自害。

事事让人出头，终身无出头地；样样让人去做，终身无自做时。

再录陈嘉庚次子陈厥祥谨记之陈嘉庚遗教多则，以知其大义：

儿孙自有儿孙福，不为儿孙作马牛。

宁人负我，毋我负人。

怨宜解，不宜结。

居安思危，安分自守。

饮水思源，不可忘本。

家庭之间，夫妇和好，互谅互爱；治家之道，仁慈孝义，克勤克俭。

服务社会是吾人应尽之天职。

不取不义之财。

仁义莫交财。

能辨是非，做事有恒。

服务社会，老而弥坚。

吾人应安分守法，以培后盛。

己所不欲，勿施于人。

不可见利忘义。

凡做社会公益，应由近及远，不必骛远好高。

凡做事须合情合理，如不合情理，应勿为之。

我毕生以诚信勤俭办教育公益，为社会服务。

明辨是非善恶，众人须知之，应如何笃行之。

陈嘉庚言行如一，誉满天下。

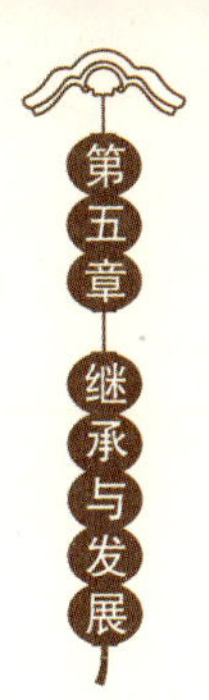

“嘉庚精神”竖帆起锚获赞誉：

华侨旗帜

民族光辉

——1945年11月8日重庆市各界人士举行庆祝陈嘉庚安全大会，毛泽东所赠条幅

为侨民利益服务

——毛泽东为陈嘉庚创办的《南侨日报》三周年题词

为宣扬新民主主义的共同纲领而奋斗

为保护国外华侨的正当权益而奋斗

——周恩来为陈嘉庚创办的《南侨日报》三周年题词

为民族解放尽最大努力

为团结抗战受无限苦辛

诽言不能伤

威武不能屈

庆安全健在

再为民请命

——1945 年 11 月 8 日重庆市各界人士举行庆祝陈嘉庚安全大会，周恩来发的贺辞

弘扬嘉庚爱国精神

振兴中华教育事业

——江泽民题词

华侨旗帜

民族光辉

陈嘉庚

——邓小平题词

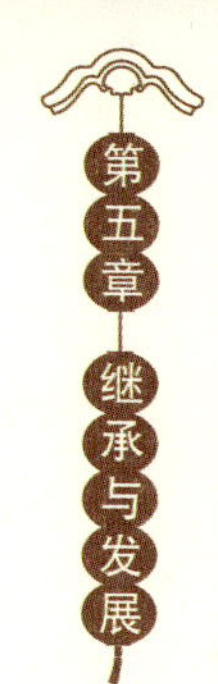

学习陈嘉庚先生为发展祖国教育事业而奋斗的精神

——李先念题词

爱国爱乡

兴教兴学

——李鹏题词

爱国先贤

兴国楷模

——乔石题词

赤子丹心照汗青

——李瑞环题词

旋乾转坤移山倒海

济人利物震古铄金

——董必武题词

为行天马标鳌柱
长见丰碑锁海疆
——陈毅题词

是侨胞兴学模范
为国家培养人才
——邓子恢题词

华侨楷模
民族之光
——田纪云题词

兴学育才
鞠躬尽瘁
——李岚清题词

弘扬陈嘉庚先生倾资办学为国育才的崇高精神
——王汉斌题词

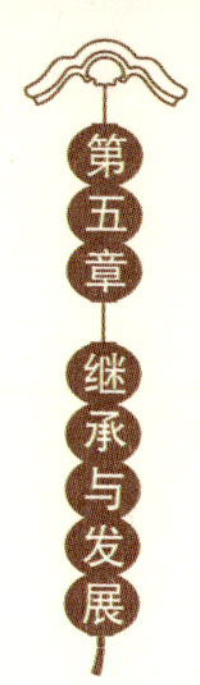

集美学校创办八十载
陈老嘉庚业绩耀千秋
——卢嘉锡题词

兴学育才
永垂青史
——彭冲题词

华侨楷模
——叶飞题词

培养接班人
建设新中国
——沈钧儒题词

鳌园博物大观百闻不如一见
鹭江集美中学万人共仰千秋
——郭沫若题词

华侨爱国爱乡热心教育事业的楷模

——何香凝题词

相期勤锻炼

于此畅胸怀

——张治中题词

华侨的命运与民族的命运不可分

国内国外炎黄子孙团结奋斗振兴中华

——陆定一题词

图 5-1

图 5-2

图 5-1、5-2　陈嘉庚撰写的著作及由他作序的部分著作

图 5-3

图 5-4

图 5-3、5-4 《南侨回忆录》“手稿”（陈嘉庚纪念馆“镇馆之宝”）
图 5-5 《南侨回忆录》，南洋印刷社 1946 年 3 月初版本（陈嘉庚纪念馆收藏）
图 5-6 《南侨回忆录》，南洋印刷社 1946 年 3 月再版本
图 5-7 《南侨回忆录》，福州集美校友会 1950 年榕版本

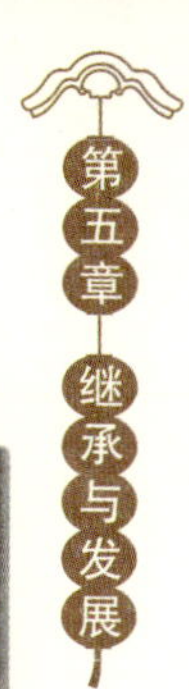

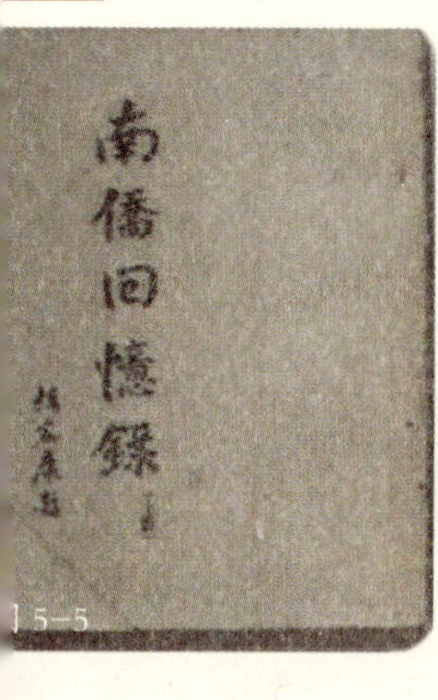

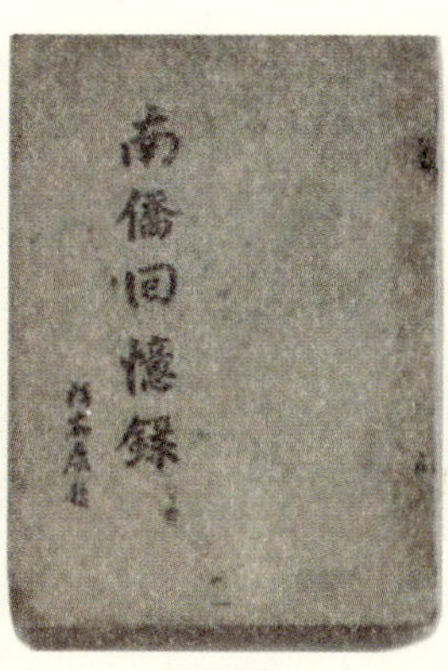

5–5

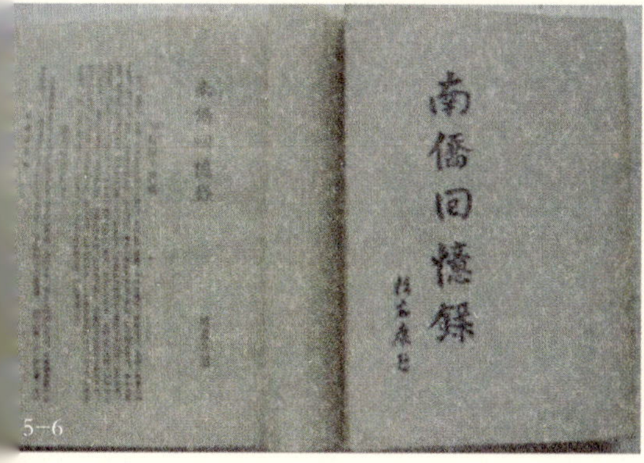

5–6

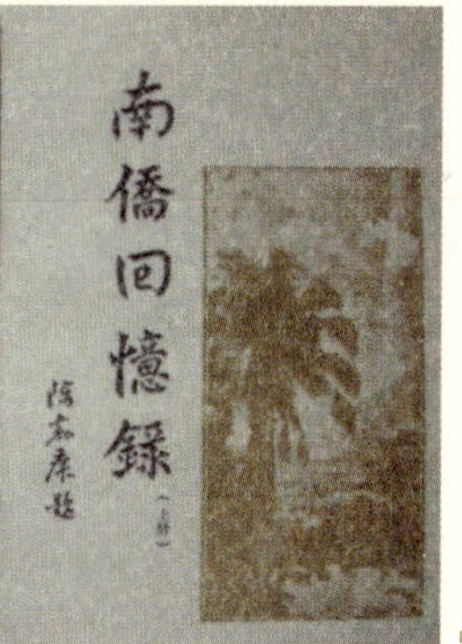

图 5–7

图 5-8

图 5-9

图 5-10

图 5-11

图 5-12

图 5-13

图 5-8　　《南侨回忆录》，香港草原出版社 1979 年版
图 5-9　　《南侨回忆录》，八方文化企业公司 1993 年版
图 5-10　　《南侨回忆录》，陈嘉庚纪念馆 2014 年版
图 5-11　　《南侨回忆录》，上海书店 1981 年版
图 5-12　　《陈嘉庚自述》，时代出版社 2013 年版（上下册）
图 5-13　　《南侨回忆录》，上海三联书店 2014 年版

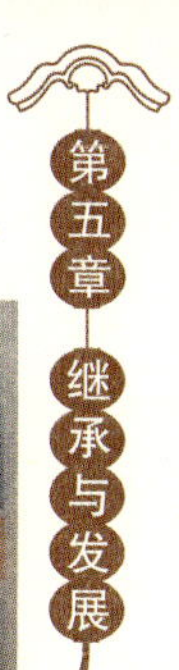

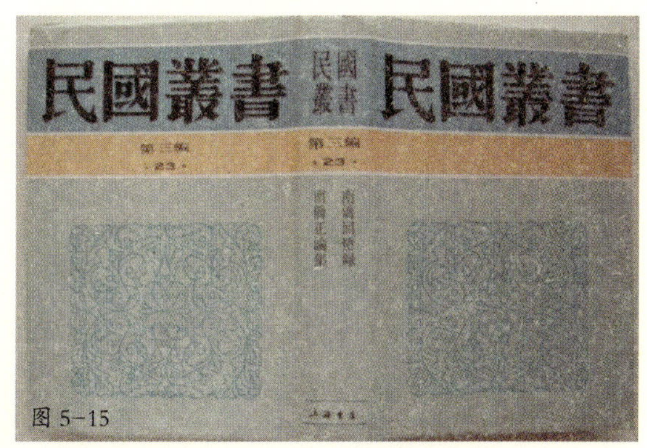

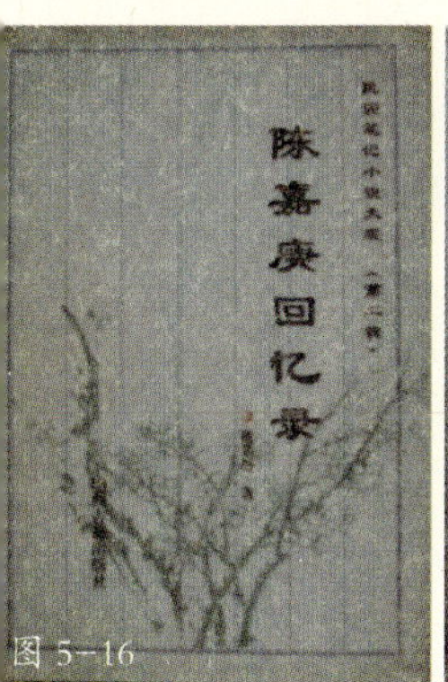

图 5-14　《南侨回忆录》，集美陈嘉庚研究会 1993 年翻印本

图 5-15　《南侨回忆录》，上海书店 1991 年出版的“民国丛书”本

图 5-16　《陈嘉庚回忆录》，山西古籍出版社 1996 年“民国笔记小说大观”本

图 5-17　《陈嘉庚回忆录》，东方出版社 2010 年版

图 5-18　《陈嘉庚回忆录》，新加坡大学出版社 1994 年英文版（陈经华收藏）

图 5-19　《陈嘉庚自述》，时代出版社 2013 年版

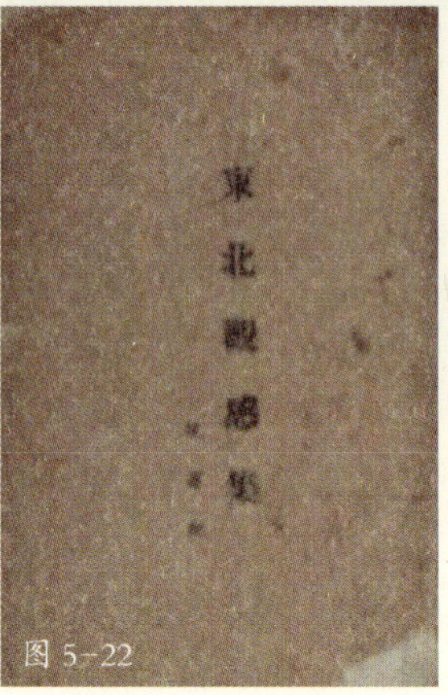

图 5-20 《南侨回忆录》，台湾龙文出版社 1989 年版

图 5-21 《南侨回忆录》，岳麓书社 1998 年“旧籍新刊”本

图 5-22 《东北观感集》，1949 年版

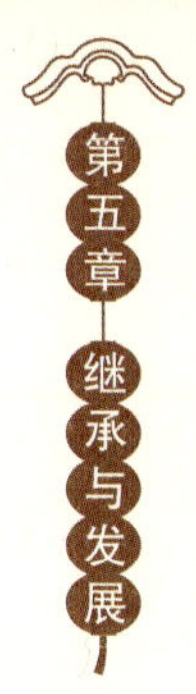

一、嘉庚精神扬帆破浪正当时

1985 年 1 月 14 日，在陈嘉庚先生事迹陈列馆举行了集美陈嘉庚研究会成立大会。

1992 年 8 月 20 日，当代著名科学家杨振宁、丁肇中、李远哲和美国伯克利加州大学校长田长霖、香港大学校长王赓武发起成立陈嘉庚国际学会。

1997 年，“嘉庚楼”屹立在美国加州大学伯克利分校，以“陈嘉庚”的闽南语读音“Tan Kah Kee”设名，是国际上第一座以华

图 5–23

图 5–24

图 5–23　陈嘉庚科学奖基金会成立

图 5–24　1990 年度陈嘉庚奖颁奖暨“陈嘉庚星”命名大会在厦门大学举行

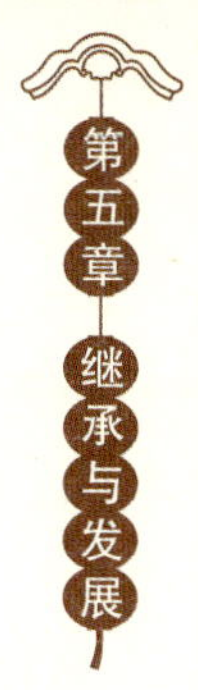

人命名的名校建筑。

2003 年，国务院批准设立“陈嘉庚科学奖”。

2019 年 10 月 26 日，厦门地铁一号线列车命名为“嘉庚号”。

嘉庚精神最浓郁的是集美，而“集美味道”的嘉庚精神却是享誉世界。不仅集美有陈嘉庚纪念馆、嘉庚体育馆、嘉庚公园、嘉庚故居、鳌园、集美学村及嘉庚建筑等一大批弘扬嘉庚精神的实物与展示；国内的各地、各校也都推崇备至，嘉庚精神已被部分中小学编入爱国主义教育的教材，泉州华侨大学、广州中山大学等均建有陈嘉庚纪念堂（馆），广州市还特立陈嘉庚纪念中学，以传播嘉庚精神。嘉庚精神的传播还体现在异国他乡，新加坡币 20 元的图案上陈嘉庚光辉伟岸的形象赫然在列。当新加坡的地铁停靠在“Tan Kah Kee”站时，请记住那是“陈嘉庚”站到了。马来西亚吉隆坡市中心的中华大会堂专设陈嘉庚纪念堂。

图 5-25　1983 年 10 月，陈嘉庚创办集美学校 70 周年纪念章

图 5-26　1983 年 10 月，陈嘉庚创办集美学校 70 周年陈嘉庚故居、鳌园纪念章

图 5-27　国家级陈嘉庚纪念银币
（1984 年纪念陈嘉庚诞辰 110 周年）

图 5-28　陈嘉庚纪念章
（1993 年纪念陈嘉庚创办集美学校 80 周年）

图 5-29　梅花形铜质镀金陈嘉庚纪念章
（1994 年纪念陈嘉庚诞辰 120 周年）

图 5-30　1983 年 10 月，陈嘉庚创办集美学校 70 周年i
校徽纪念章

图 5-31　集美校友总会铜质陈嘉庚纪念章
（1999 年 4 月集美校友总会第五届理事会）

图 5-32　陈嘉庚纪念馆开馆彩银纪念章（2008 年 10 月

图 5-33　第三届全球集美校友联谊大会纪念章
（2013 年 10 月）

图 5-34　陈嘉庚旅游纪念章

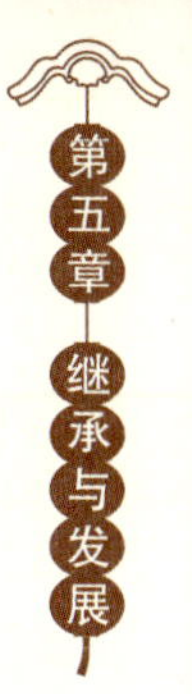

嘉庚精神的光芒不只是闪耀于地球之外的“陈嘉庚星”上，在我们这个星球上，“嘉庚号”科考船、“嘉庚”水母、“嘉庚号”地铁列车，嘉庚之路处处延伸，嘉庚精神已经实现海陆空全覆盖。

对嘉庚精神的弘扬也深深地表达着对先生的无尽思念。闪闪发光的一系列陈嘉庚纪念章，镌刻功绩、睹物征仪，慈祥的脸庞、炯炯的目光，相映光辉、神耀千秋。

恩格斯说“没有哪一次巨大的历史灾难不是以历史的进步为补偿的”，一个创造了数千年文明的伟大民族，虽遭遇巨大牺牲也不改其崛起之必然。一次历史巨变的节点已经来到，中华民族复兴的“中国梦”已经踏上征程。

复兴路上，嘉庚精神就是中国梦腾飞的翅膀。“我有一个梦想”，这是人类进步的宣言。中国梦，是海内外中华儿女的共同期盼。即使身处异乡，陈嘉庚也夙夜怀抱振兴祖国的梦想，乡愈远则情愈切，创业报国就是陈嘉庚的中国梦。他的救民救国、兴教兴国，强业强国，是国与民之间不可分割的逻辑体现。

国家与民族，是中国人荣辱观的最高尺度。

嘉庚精神就是中国精神的一分子，“忠公、诚毅、勤俭、创新”，字字镌刻在中国梦的寄语中。陈嘉庚于1940年10月在安溪文庙向集美学校师生的讲话：“我希望于你们的，只是要你们依照着‘诚毅’的校训，努力地读书，好好地做人，好好地替国家民族做事。”言犹在耳。

总有人出国后发出感慨，“不知道为什么，现在到了国外，我才发现我更爱我的祖国了”，细细体会其中缘由，就会洞悉这一点也不奇怪，皆缘起于我们的中国精神、中国文化、中国梦。

二、嘉庚精神对集美的特殊意义

集美，是陈嘉庚的故乡。嘉庚精神，亦可称之为集美精神。嘉庚精神的高度、深度和广度，塑造了积极、诚恳、博爱的集美人。

以嘉庚精神铸造独具特色的集美人文名片，特别是“诚以待人、毅以处事”的“诚毅”，将树起城市精神的旗帜。

嘉庚精神也将推动集美成为精神文明建设的特有标杆。精神文明建设的主体是人，而嘉庚先生是一个大写的“人”，他的精神永续光辉，新时代赋予其新属性。

图 5-35　陈嘉庚创办集美学校 100 周年教育成果展场景

图 5-36　集美大学陈嘉庚铜像揭幕仪式

图 5-37　1985 年 6 月 22 日，集美龙舟赛流动奖杯——嘉庚杯首获者集美镇上厅队正在领奖

图 5-38　1957 年端午节，集美学校第七届龙舟竞赛大会照例在龙舟池举行，陈嘉庚在开幕式上讲话，并观看竞赛

图 5-39　1980 年代使用的龙舟

图 5-40　1987 年 6 月，厦门首次嘉庚杯国际龙舟邀请赛纪念封

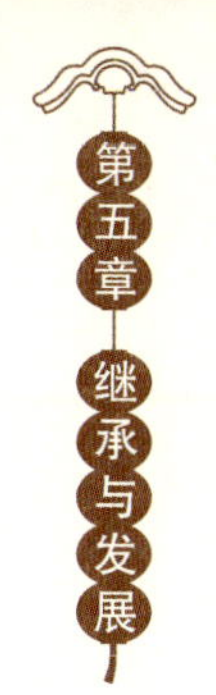

嘉庚精神也将连接两岸共同的福祉。集美身处两岸文化交流的中心，又是嘉庚故里，和平统一是大业，自然融入了嘉庚精神的血脉。

现在的集美各学校乃至整个集美都是嘉庚精神的实践者与传播者。为了能够让更多的学生和家长进一步了解当地的文化特征，进一步传承和弘扬，上百本有关嘉庚精神和集美文化的校本教材已经走进集美区各学校的课堂。精神与文化是无价的财富，承续与发展嘉庚精神是每一个、每一代集美人的使命。

嘉庚故里的集美龙舟赛就是嘉庚精神活力四射的衍生文化活动，独具魅力。集美赛龙舟，集美人原称“别舲舳”，称呼不同，意义也大不相同。“别”和“斗”都是强调争抢，而“赛”则强调竞技强体，更显团结协作精神；为安全起见，场地也由海边改到龙舟池；还统一造船，划跑道，以彩旗为标，以彰显公平。可以说，陈嘉庚把西方田径赛的诸多元素融进了中国特有的民俗活动，洋为中用；把起于春秋战国的古代文化演变为现代体育精神，古为今用。就此，又一次证明陈嘉庚“伟大的是精神，辉煌的是创新”。

1951年，陈嘉庚创办龙舟体育竞技赛，他将龙舟赛命名为“集美学校龙舟竞赛大会”，每年端午节举办一次。

集美学校龙舟赛从1951年至1965年，共举办了十五届（1966年至1979年停赛），1980年为纪念航海学校校庆六十周年，复办；1987年，举办首届“嘉庚杯”国际龙舟邀请赛；1995年，更名为“嘉庚杯”“敬贤杯”龙舟赛；2006年，更名为“嘉庚杯”“敬贤杯”海峡两岸龙舟赛。

专门为划龙舟而建龙舟池，只在集美有，而陈嘉庚又在集美将传统的斗龙船改革为龙舟体育竞技赛，所以“集美龙舟赛”成了一个专有名词。集美龙舟赛，集美学校委员会作为主要的主办或承办单位始终不变，“集美龙舟赛”作为俗称始终不变，可谓一脉相承。

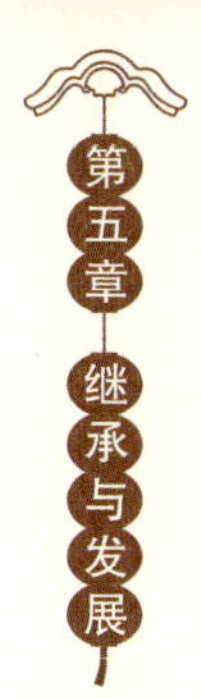

集美龙舟赛一赛两杯、独具内涵：集美龙舟赛男女分设奖杯，分别以“嘉庚杯”“敬贤杯”作为男子组、女子组总决赛的奖杯，在全国龙舟赛中是独一无二的，与陈嘉庚先生所提倡的男女平等，全民健身，女子参赛相呼应；较之一般的纪念爱国诗人屈原的龙舟赛，更有独特的人文内涵——弘扬嘉庚精神。

陈嘉庚先生高度关注祖国和平统一大业，临终前还念念不忘台湾回归祖国，“统一”是陈嘉庚先生的三大遗愿之一。集美龙舟赛担负着对台交流的重要历史使命，成为海峡两岸交流的重要载体。仅看台湾来集美参加龙舟赛的队伍由三支到三十支这一发展历程，就知其魅力。

集美龙舟赛，俨然成为全国龙舟赛中最具特色的赛事而一枝独秀。

图 5-41　1985 年的龙舟池全景

三、弘扬嘉庚精神，共圆民族复兴之梦

图 5-42　鳌园集美解放纪念碑远景

在毛泽东传奇的一生中，只题写过为数不多的碑文：人们熟知的一块是矗立在北京天安门广场上的人民英雄纪念碑；另一块则是厦门市的标志性建筑之一——集美解放纪念碑。

陈嘉庚先生，便长眠在集美这座巍峨丰碑的底下。

“我愿终生为华夏民族社会尽力，并愿使自己成为社会所永久信赖的一个人。”与陈嘉庚同一时期的梁漱溟的这一格言，代表着有责任感的中华儿女的共同心声。

确实，为了实践诺言，每一个人都在奋力书写自己的“人生大书”。陈嘉庚用一生镌刻下这样的人生信条：“举国滔滔，但知争权夺利，对国家则少尽义务，我今欲与国民竞争义务，能为国家社会尽最多之义务，便是最能尽天职之国民……”

“为着社会好”，这是陈嘉庚的初心，矢志不渝。办每一件事，做每一个选择，都是秉承此心。于教育，警言“欲为公众服务，

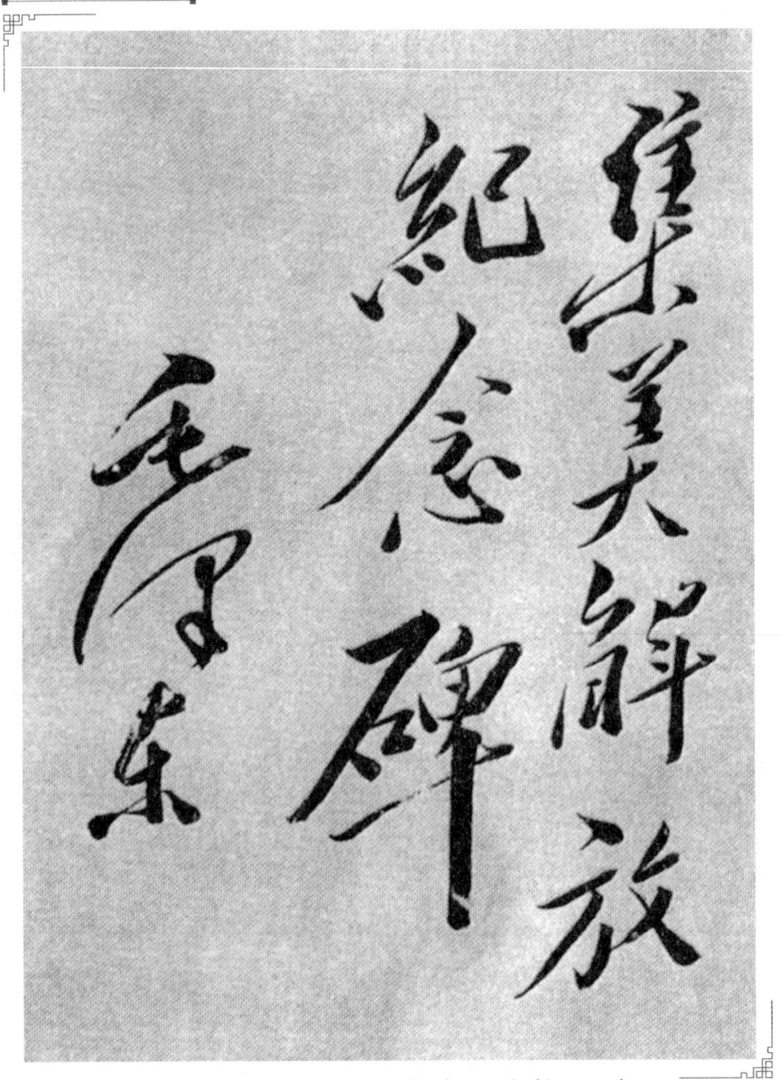

图 5-43　1952 年 5 月 16 日，毛泽东为“集美解放纪念碑”题写碑名

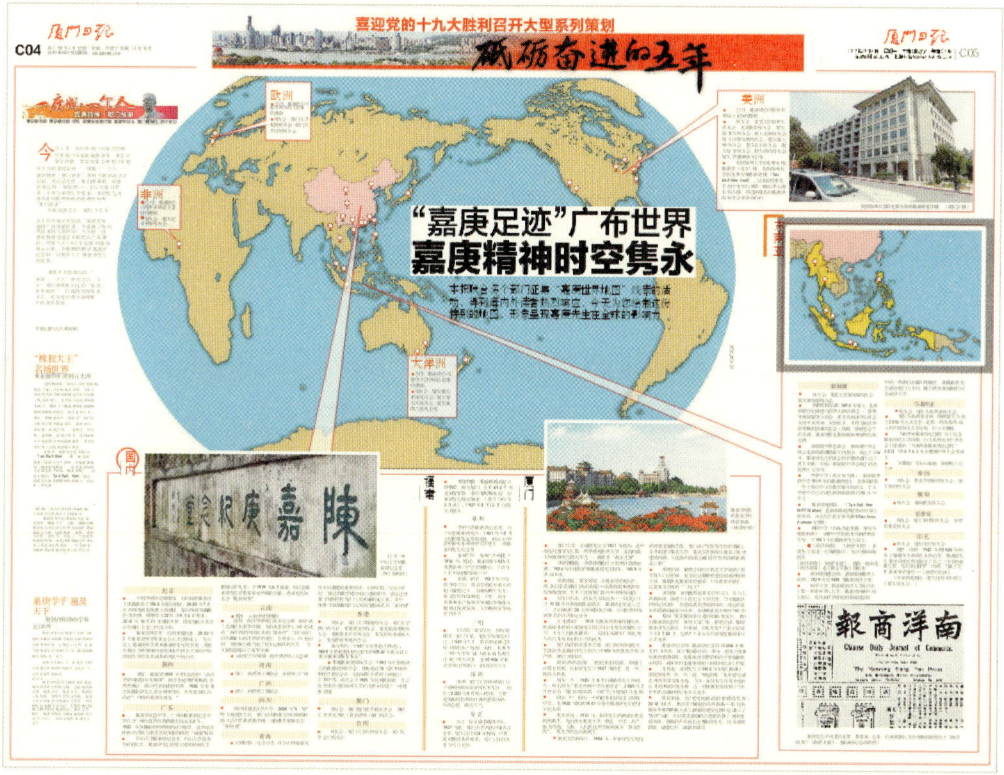

厦门日报 C04

喜迎党的十九大胜利召开大型系列策划

砥砺奋进的五年

“嘉庚足迹”广布世界
嘉庚精神时空隽永

欧洲

非洲

美洲

大洋洲

国内

陳嘉庚紀念堂

南洋商報

厦门日报 C05

图 5-44　“嘉庚足迹”广布世界 嘉庚精神时空隽永

亦以办学为宜”；于实业，“陈先生平日的财富，完全献给大众，陈嘉庚的名字是代表博爱和牺牲”；于祖国，誓言“必须坚信抗战必胜，建国必成，努力为国家民族服务”。

“慨祖国之陵夷，悯故乡之哄斗”，从早期小事最能见初心。在侨乡，帮济家族宗亲、回馈乡里，是一种美德，陈嘉庚耳濡目染，一直心念惠及乡亲之法门。家乡贫困愚昧，不讲卫生，医疗条件更为不堪，一日陈嘉庚在新加坡看见一本家用卫生小保健的“小百科”《验方新编》，为清道光中善化人鲍相璈于1846年仲春汇编而成，陈嘉庚得之，脑海即刻浮现闽南乡村瘟疫流行、人亡墟废的悲惨情景。于是，他先后汇出三千余元，购一万多本，随后又汇寄五千元，向上海世界书局定印两万册，寄赠福建各地。

随着实业发展，陈嘉庚“为着社会好”的境界迅速升华，已不仅限于以家乡作为出发点，而是能力所及尽数付出，并一往无前。纵观伊始至终程，嘉庚小志成大义：为自己出洋谋生，为家人努力打拼，为宗亲寻医造福，为家乡办学办厂，为故里赈灾出资，

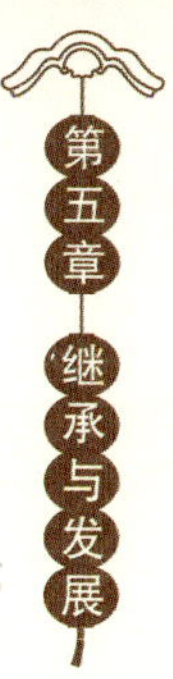

为闽地抗争劳心，为民族领侨救亡，为国家毕生奉献。

为国为民族，终登“为着社会好”的最高峰。中国，是中华民族的家。抗战最为艰难之期，当尘嚣日上的“亡国灭种”论在试图摧毁人心时，陈嘉庚不但厉斥动摇者“卖国求荣，谄媚无耻，沐猴而冠，终必楚囚对泣，贻子孙万代臭名。日寇灭天理绝人道，奸伪欺诈，毒祸人类，为幽明所不容，列强之公敌，现虽暂时荣耀，

图 5-45　纪念陈嘉庚诞辰 110 周年邮票

终必惨败无地。尔辈若能及早悔悟，改过自新，尚不愧为黄帝子孙”；还能给国民鼓舞：“我国地大物博人众，居世界第一位，特科学未昌明，实业未发达，故宝藏于地，不能富强。今抗战建国兼筹并顾，自力更生，自强不息，则最后胜利之日，即民族复兴富强之时矣。”此番言，一人言，乃代千千万万人言；此番心志，非嘉庚精神莫能当。

由小家顾大家，由宗亲及民族，由育人到辅国，陈嘉庚用人生完美诠释了人对社会最高的回馈。

陈嘉庚一生树人，而他自己就是一棵参天大树，远近的人们都能看到他。走近了他，他能给人一片绿色，一拂春风；离开了他，回望，他依然是地平线上一道美丽的风景线，活着以身庇护他人，死后依然为栋梁，以精神福佑后世。

“嘉庚精神”是中华民族文化璀璨星河的一脉。

陈嘉庚先生的伟大精神与高尚品格源自他的远大理想与人生追求。陈嘉庚先生小时读过《正气歌》《古文精义》等书籍，从小就树立了“天下兴亡，匹夫有责”的思想。早年，他在新加坡参加同盟会，立志以复兴中华为己任。他和许多先知先觉的前辈先人一样，毕生追求中华民族的伟大复兴。这点，也是今天国人和广大海外新老华侨华人应该有的信念。

陈嘉庚先生的一生，是爱国的一生、报国的一生。他的爱国之心和报国之行都是“出乎生性之自然”。他的初心就是“要社会好”。他对自己所做的一切，都说是“尽国民一分子之天职”或“尽天职”“尽国民天职”“尽国民之天职”。他的这种“天职”意识，是他无私、无畏、无怨、无悔的深层次的思想根源，可以说这是国人和海外新老华侨华人修身立世的最高境界。

事实上，继陈嘉庚先生之后，广大侨胞爱国爱乡、回国报效蔚然成风。目前，许多华侨华人跨越地域和时间，参与中国建设，起着连接中国梦和世界梦的桥梁和使者的作用。这是中华魂、爱国情的延续和升华。

陈嘉庚先生给我们留下了什么？

留下了清贫——家徒四壁，一贫如洗……

不！先生留下忠公、诚毅、勤俭、创新——像大海一样广阔……

先生留下了精神——像高山一般挺拔……

作为后人，我们要做的就是：

弘扬嘉庚精神，共圆民族复兴之梦！

图 5-46

A11

壮丽70年 奋斗新时代

五星红旗 我为您骄傲

厦门日报 2019年9月26日 星期四

爱国情 奋斗者

【编者按】 为隆重庆祝新中国成立70周年，学习英雄事迹，弘扬奋斗精神，培育时代新人，中央宣传部、中央组织部、中央统战部等联合部署在全国城乡开展"最美奋斗者"学习宣传活动，评选表彰70年来各地区各行业各领域涌现出来的英雄模范人物。昨日上午，"最美奋斗者"表彰大会在京举行，授予了张富清等278名个人、西安交通大学"西迁人"爱国奋斗先进群体等22个集体"最美奋斗者"称号。陈嘉庚、林巧稚、钟南山、陈清州四位厦门人，以及曾经在厦门学习工作过的陈景润等在受表彰之列。本报记者第一时间连线，与陈清州、陈嘉庚的长孙陈立人、林巧稚家属林嘉禾取得联系，听他们讲述参加大会的激动时刻。

四位厦门人获评"最美奋斗者"

他们分别是陈嘉庚、林巧稚、钟南山、陈清州

记者昨连线部分受表彰者或其亲属，听他们讲述激动时刻

奋斗者简介

陈嘉庚：

林巧稚：

陈清洲：

陈嘉庚长孙陈立人：祖国对平凡建设者的铭记让人感动

林巧稚侄子林嘉禾：她的奉献精神值得后辈学习

陈清洲：荣幸入选"最美奋斗者"，永生难忘

图 5-47

图 5-46　新加坡推 20 元钞票致敬 8 名先贤，包括华侨领袖陈嘉庚

图 5-47　四位厦门人获评"最美奋斗者"，他们分别是陈嘉庚、林巧稚、钟南山、陈清州

新中国成立70周年·厦门解放70周年·《厦门日报》创刊70周年

我们共同的70年

厦门日报社"工商银行杯"第十九届读者节特别报道

地铁1号线列车组将命名为"嘉庚号"

都有啥变化？下周六来白鹭洲抢先看

第二届厦门嘉庚文化周26日在读者节现场启动，命名仪式同步举行

厦门工行

用金融雨露 滋润自贸"试验田"

图 5-48

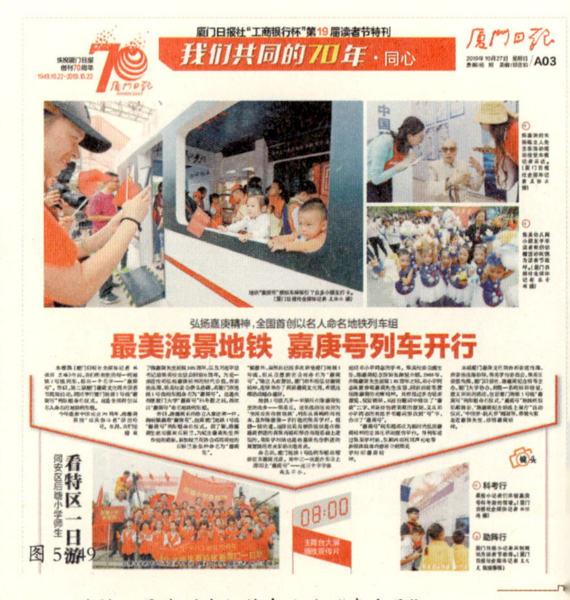

厦门日报社"工商银行杯"第19届读者节特刊

我们共同的70年·同心

弘扬嘉庚精神，全国首创以名人命名地铁列车组

最美海景地铁 嘉庚号列车开行

图 5-49

图 5-48　地铁 1 号线列车组将命名为"嘉庚号"

图 5-49　关于嘉庚号列车开行的报道

图片来源

插页

图 0-1：厦门市集美区地方志编纂委员会编：《厦门市集美区志》，中华书局 2013 年版，第 1 页。

图 0-2：陈呈主编：《世纪辉煌——集美学校百年历史图集（1913—2013）》，人民日报出版社 2017 年版，第 214 页。

第一章 华侨旗帜，民族光辉

图 1-1：陈呈主编：《世纪辉煌——集美学校百年历史图集（1913—2013）》，人民日报出版社 2017 年版，第 206 页。

图 1-2：中国新闻社福建分社、福建省爱国主义教育基地研究会、中国人民抗日战争纪念馆、中国闽台缘博物馆编：《闽台抗战风云》，海潮摄影艺术出版社 2005 年版，第 149 页。

图 1-3：中国人民抗日战争纪念馆、中华全国归国华侨联合会文化交流部编：《华侨与抗日战争》，中国华侨出版社 2006 年版，第 86 页。

图 1-4：华侨博物馆编：《南侨机工》，文物出版社 2005 年版，第 39 页。

图 1-5：陈嘉庚：《陈嘉庚回忆录》，东方出版社 2010 年版，扉页图 3。

图 1-6：陈嘉庚：《陈嘉庚回忆录》，东方出版社 2010 年版，扉页图 4。

图 1-7：李玉清主编：《集美寻珍 4》，河海大学出版社 2016 年版，第 1 页。

第二章　陈嘉庚的三次选择、三种人生

图 2-1：《马来西亚福建人兴学办教史料集》工委会编：《马来西亚福建人兴学办教史料集》，马来西亚福建社团联合会 1993 年版，第 30 页。

图 2-2：集美区档案馆。

图 2-3：陈天绶、蔡春龙：《陈嘉庚之路》，湖北人民出版社 2005 年版，第 52 页。

图 2-4：洪永世主编：《集美学校八十周年纪念册 1913—1993》，内部资料，1994 年版，第 18 页。

图 2-5：洪永世主编：《集美学校八十周年纪念册 1913—1993》，内部资料，1994 年版，第 18 页。

图 2-6：洪永世主编：《集美学校八十周年纪念册 1913—1993》，内部资料，1994 年版，第 18 页。

图 2-7：中国人民抗日战争纪念馆、中华全国归国华侨联合会文化交流部编：《华侨与抗日战争》，中国华侨出版社 2006 年版，第 14 页。

图 2-8：福建省大田县政协文史资料委员会、厦门市集美学校委员会编：《集美职校在大田》，《大田文史资料》第二十八辑，内部资料，第 73 页。

图 2-9：中国新闻社福建分社、福建省爱国主义教育基地研究会、中国人民抗日战争纪念馆、中国闽台缘博物馆编：《闽台抗战风云》，海潮摄影艺术出版社 2005 年版，第 155 页。

图 2-10：中国人民抗日战争纪念馆、中华全国归国华侨联合会文化交流部编：《华侨与抗日战争》，中国华侨出版社 2006 年版，第 143 页。

图 2-11：中国人民抗日战争纪念馆、中华全国归国华侨联合会文化交流部编：《华侨与抗日战争》，中国华侨出版社 2006 年版，第 144 页。

图 2-12：中国新闻社福建分社、福建省爱国主义教育基地研究会、中国人民抗日战争纪念馆、中国闽台缘博物馆编：《闽台抗战风云》，海潮摄影艺术出版社 2005 年版，第 155 页。

第三章　嘉庚精神的内涵

图 3-1：福建省地方志编纂委员会、福建省档案局、中国国民党革命委员会福建省委员会编：《辛亥革命福建英杰图志》，海峡书局 2011 年版，第 300 页。

图 3-2：《马来西亚福建人兴学办教史料集》工委会编：《马来西亚福建人兴学办教史料集》，马来西亚福建社团联合会 1993 年版，第 45 页。

图 3-3：福建省地方志编纂委员会、福建省档案局、中国国民党革命委员会福建省委员会编：《辛亥革命福建英杰图志》，海峡书局 2011 年版，第 310 页。

图 3-4：厦门市集美区档案局编：《百年学村跨越美》，厦门音像出版有限公司 2013 年版，扉页 3。

图 3-5：集美区档案馆。

图 3-6：广州市文化传播事务所主编：《20 世纪中国全纪录》，香港文化传播事务所有限公司 1995 年版，第 728 页。

图 3-7：林斯丰主编：《陈嘉庚精神读本》，厦门大学出版社 2011 年版，第 158 页。

图 3-8：福建省档案馆编：《潮涌海西：福建现代化历史进程》，鹭江出版社 2012 年版，第 233 页。

图 3-9：《厦门新闻志》编纂委员会编：《厦门新闻志》，鹭江出版社 2009 年版，图片第 11。

图 3-10：中共厦门市委党史研究室编:《移山填海——厦门海堤建设述略》，中共党史出版社 2003 年版，第 22 页。

图 3-11：厦门市集美区档案局馆编：《影像集美》，厦门大学出版社 2011 年版，第 26 页。

图 3-12: 陈厥祥:《集美志》, 香港侨光印务有限公司 1963 年版, 第 124 页。

图 3-13：中国人民抗日战争纪念馆、中华全国归国华侨联合会文化交流部编：《华侨与抗日战争》，中国华侨出版社 2006 年版，第 189 页。

图 3-14: 厦门市集美区地方志编纂委员会编：《厦门市集美区志》，中华书局 2013 年版，第 716 页。

图 3-15: 吴吉堂主编：《时间，在集美增值（老照片）》，厦门大学出版社 2017 年版，第 60 页。

图 3-16: 张其华：《嘉庚在归来的岁月里》，中央文献出版社 2003 年版，第 120 页。

图 3-17：庄景辉：《厦门大学嘉庚建筑》，厦门大学出版社 2011 年版，第 68 页。

图 3-18：李玉清主编:《集美寻珍 4》, 河海大学出版社 2016 年版, 第 181 页。

第四章　嘉庚精神的当代价值

图 4-1：杨国桢：《陈嘉庚》，人民出版社 1987 年版，扉页 8。

第五章　继承与发展

图 5-1：陈呈主编：《世纪辉煌——集美学校百年历史图集（1913—2013）》，人民日报出版社 2017 年版，第 218 页。

图 5-2：陈呈主编：《世纪辉煌——集美学校百年历史图集（1913—2013）》，人民日报出版社 2017 年版，第 218 页。

图 5-3：李玉清主编：《集美寻珍 4》，河海大学出版社 2016 年版，第 81 页。

图 5-4：李玉清主编：《集美寻珍 4》，河海大学出版社 2016 年版，第 82 页。

图 5-5：李玉清主编：《集美寻珍 4》，河海大学出版社 2016 年版，第 81 页。

图 5-6：李玉清主编：《集美寻珍 4》，河海大学出版社 2016 年版，第 81 页。

图 5-7：李玉清主编：《集美寻珍 4》，河海大学出版社 2016 年版，第 83 页。

图 5-8：李玉清主编：《集美寻珍 4》，河海大学出版社 2016 年版，第 83 页。

图 5-9：李玉清主编：《集美寻珍 4》，河海大学出版社 2016 年版，第 85 页。

图 5-10：李玉清主编：《集美寻珍 4》，河海大学出版社 2016 年版，第 86 页。

图 5-11：李玉清主编：《集美寻珍 4》，河海大学出版社 2016 年版，第 83 页。

图 5-12：李玉清主编：《集美寻珍 4》，河海大学出版社 2016 年版，第 88 页。

图 5-13：李玉清主编：《集美寻珍 4》，河海大学出版社 2016 年版，第 86 页。

图 5-14：李玉清主编：《集美寻珍 4》，河海大学出版社 2016 年版，第 85 页。

图 5–15: 李玉清主编:《集美寻珍 4》, 河海大学出版社 2016 年版, 第 84 页。

图 5–16: 李玉清主编:《集美寻珍 4》, 河海大学出版社 2016 年版, 第 87 页。

图 5–17: 李玉清主编:《集美寻珍 4》, 河海大学出版社 2016 年版, 第 87 页。

图 5–18: 李玉清主编:《集美寻珍 4》, 河海大学出版社 2016 年版, 第 87 页。

图 5–19: 李玉清主编:《集美寻珍 4》, 河海大学出版社 2016 年版, 第 88 页。

图 5–20: 李玉清主编:《集美寻珍 4》, 河海大学出版社 2016 年版, 第 84 页。

图 5–21: 李玉清主编:《集美寻珍 4》, 河海大学出版社 2016 年版, 第 86 页。

图 5–22: 李玉清主编:《集美寻珍 4》, 河海大学出版社 2016 年版, 第 79 页。

图 5–23: 林斯丰主编:《陈嘉庚精神读本》, 厦门大学出版社 2011 年版, 第 191 页。

图 5–24:《厦门华侨志》编纂委员会编:《厦门华侨志》, 鹭江出版社 1991 年版, 彩页第 16。

图 5–25: 厦门市集美区档案局编:《集美寻珍》(9), 内部资料, 2018 年版, 第 87 页。

图 5–26: 厦门市集美区档案局编:《集美寻珍》(9), 内部资料, 2018 年版, 第 88 页。

图 5–27: 厦门市集美区档案局编:《集美寻珍》(9), 内部资料, 2018 年版, 第 88 页。

图 5–28: 厦门市集美区档案局编:《集美寻珍》(9), 内部资料, 2018 年版,

第 89 页。

图 5-29：厦门市集美区档案局编：《集美寻珍》(9)，内部资料，2018 年版，第 89 页。

图 5-30：厦门市集美区档案局编：《集美寻珍》(9)，内部资料，2018 年版，第 87 页。

图 5-31：厦门市集美区档案局编：《集美寻珍》(9)，内部资料，2018 年版，第 90 页。

图 5-32：厦门市集美区档案局编：《集美寻珍》(9)，内部资料，2018 年版，第 91 页。

图 5-33：厦门市集美区档案局编：《集美寻珍》(9)，内部资料，2018 年版，第 92 页。

图 5-34：厦门市集美区档案局编：《集美寻珍》(9)，内部资料，2018 年版，第 92 页。

图 5-35：陈呈主编：《世纪辉煌——集美学校百年历史图集(1913—2013)》，人民日报出版社 2017 年版，第 228 页。

图 5-36：陈呈主编：《世纪辉煌——集美学校百年历史图集(1913—2013)》，人民日报出版社 2017 年版，第 229 页。

图 5-37：厦门市集美区档案局编：《百年学村跨越美》，厦门音像出版有限公司 2013 年版，第 102 页。

图 5-38：庄景辉、贺春旎：《集美学校嘉庚建筑》，文物出版社 2013 年版，第 202 页。

图 5-39：厦门市集美区档案局编：《百年学村跨越美》，厦门音像出版有限公司 2013 年版，第 102 页。

图 5-40：厦门市集美区档案局编：《百年学村跨越美》，厦门音像出版有限公司 2013 年版，第 101 页。

图 5-41：厦门市集美区档案局编：《百年学村跨越美》，厦门音像出版有限公司 2013 年版，第 98 页。

图 5-42：《梦圆百年——陈嘉庚创办集美学校一百周年纪念册》编委会编：《梦圆百年——陈嘉庚创办集美学校一百周年纪念册》，内部资料，第 75 页。

图 5-43：厦门市集美区档案局编：《百年学村跨越美》，厦门音像出版有限公司 2013 年版，扉页 3。

图 5-44：《“嘉庚足迹”广布世界 嘉庚精神时空隽永》，《厦门日报》，2017 年 9 月 4 日，C04-C05 版。

图 5-45：厦门市集美区地方志编纂委员会编：《厦门市集美区志》，中华书局 2013 年版，第 147 页。

图 5-46：《金管局推出开埠 200 周年 20 元纪念钞》，《联合早报》，http://www.zaobao.com/realtime/singapore/story20190605-962059，2019 年 11 月 25 日。

图 5-47：《四位厦门人获评“最美奋斗者”》，《厦门日报》，2019 年 9 月 26 日，A1.1 版。

图 5-48：《地铁 1 号线列车组将命名为“嘉庚号”》，《厦门日报》，2019 年 10 月 15 日，A1.4 版。

图 5-49：《最美海景地铁 嘉庚号列车开行》，《厦门日报》，2019 年 10 月 27 日，A1.4 版。